社群营销

方法技巧、案例分析、应用实战

武永梅◎著

天津出版传媒集团
天津科学技术出版社

图书在版编目（CIP）数据

社群营销 / 武永梅著. -- 天津 : 天津科学技术出版社, 2017.8（2019.3重印）

ISBN 978-7-5576-3348-6

Ⅰ. ①社… Ⅱ. ①武… Ⅲ. ①社区－市场营销学 Ⅳ. ①F713.50

中国版本图书馆CIP数据核字(2017)第156736号

社群营销

SHEQUN YINGXIAO

责任编辑：布亚楠

出　　版：天津出版传媒集团
　　　　　天津科学技术出版社

地　　址：天津市西康路35号

邮　　编：300051

电　　话：（022）23332369

网　　址：www.tjkjcbs.com.cn

发　　行：新华书店经销

印　　刷：衡水泰源印刷有限公司

开本 710×1000　1/16　印张 14.5　字数 200 000

2019年3月第1版第4次印刷

定价：42.00元

前言

在当今这个移动互联网高速发展的时代，日新月异的变化让我们目不暇接，每一个人都有自己的自媒体，每一个人都有自己的圈子。价值取向和兴趣爱好相同的人聚集在一起沟通、互动、交流，成为主流圈子的活动方式，这样的群体被称为社群。有些企业能很好地将一个兴趣圈打造成为消费家园，在实现盈利的同时，使自己品牌的知名度得到更大的延伸。

可见，社群营销算是一种最贴近消费者的营销模式。社群营销将人放到第一位，企业所获得的用户都具有精准性与忠实性，并且随着社群的不断发展，社群营销的技巧也层出不穷。

那么，企业或者个人如何能更好地利用社群来做自己的营销呢？笔者总结近几年来社群的营销技巧和研究成果著成此书，宗旨是帮助读者在移动互联网的大环境下，针对特定的、有共同属性的社群，通过有一定传播力度的内容或者活动等，借助社群中人与人关系连接的裂变实现快速的品牌传播和扩散，从而获得更多的利润和价值。

本书共分为十二章，书中摒弃了枯燥的理论叙述方式，结合大量鲜明的观点、成功的案例和实用的方法，给读者呈现一个完整的社群营销模式。从传统营销、“互联网+”说起，正是因为这两者的一衰一盛，使得社群营销风生水起；接着讲述了如何构建优质的社群，如何在社群之间传播自己的品牌，如何营造社群之间的文化，以及如何在社区、网络论坛、微信、微博、QQ等社群平台中进行营销；最后，本书还介绍了适合做社群营销的各种行业以及对未来社群营销的展望。

可以说，本书不仅有理论知识，还是一本侧重于实际应用的案例实战宝典。它既能帮助对社群感兴趣的读者全面了解社群营销，又能为想通过社群解决实际问题的读者提供操作方法。全文语言精练通俗，图文结合，并搭配有丰富的案例，相信你一定能轻松阅读，透彻理解，并能够学以致用。

不管你是经营企业的老总，还是普通的营销人员，甚至只是出于爱好，只要阅读本书，你就能轻松地了解社群营销的概念并掌握一定的社群营销技巧。你的收获与成功就是我们最大的欣慰。同时，欢迎对本书提出诚恳的建议，以便我们及时改正！

目录

第五章 社群传播，一切宣传只为营销

第六章 社群文化，让营销充满人情味

第七章 社区，未来营销的主战场之一

第八章 网络论坛，数据让营销更疯狂

第十章　微博社群，论粉丝经济的潜力

第十一章　QQ平台，我的社群我做主

第一章

时代变迁，传统营销渐行渐远

1.1 传统营销已死，是否言过其实

这是一个颠覆的时代，你不颠覆别人，就会被别人颠覆。很多人都在问："杀死传统企业的是什么？"是互联网企业，还是互联网思维？其实，传统企业的倒下既有互联网冲击的因素，又有自身的因素，尤其是在营销方式上，传统企业已经跟不上时代的发展了。如果市场营销不借助网络的力量，是很难焕发出市场活力的，因为在传统营销中，广告、公共关系、品牌推广以及企业宣传等传统手段的效果越来越弱。为什么这么说呢？

首先，传统营销的方式已经不再那么吸引消费者了。如今，在消费者购买决策过程中，传统营销的传播作用基本上很难取得效果。消费者通常有自己的方式，比如通过网络、口头传播、客户评价等新型的方法去获取产品相关的信息。

其次，企业已经没有耐心等待传统营销方式发挥作用了。一项对600名CEO和决策者进行的调查显示：72%的受访者声称感到厌烦，因为营销人员只知道要求资金投入，但从不解释如何才能实现业务增长；77%的受访者则

表示，营销人员常常大谈品牌资产，却无法把它与公司真正的市场估值或者其他公认的金融指标联系起来。事实上，很多企业之所以如此，是因为还在走传统的营销之路。

此外，在社交媒体日益发展的大环境下，传统营销效果越来越差。比如，企业的广告代理、咨询顾问和合作伙伴，这些人都不是消费者，无法真正体会到消费者的心理，很难说服消费者购买他们宣传的东西，即使把这些传统的营销方法拓展到社交媒体中，也依旧行不通。看看“脸书”的例子，一直以来，营销人员都在讨论是否在“脸书”上搞营销宣传。事实上，这种讨论没有太大意义，因为传统营销手段无论在哪儿都发挥不了作用。

由此可见，传统营销越来越乏力。虽然营销沟通的内容依旧是最主要的，但这再也不是由企业单方面来生产传播了，而是由各个渠道、各个角色自行生产和传播。比如，销售商在终端现场提供消费者体验，然后上传到共享空间，激发同类终端消费者的兴趣。

1.2 失效的“一对多”传统营销模式

十年前，我们走在大街上，总能听到这样的声音：“走过路过的朋友，进来瞧一瞧，看一看，本店打折大促销，欢迎选购！”一转眼，这样的景象已经不再有了。这种商家说、消费者听，商家展示、消费者看的宣传营销已经不灵验了。因为消费者能否听懂、能否看明白，商家不知晓，而且消费者也不再轻信商家的一家之言。

商家企图通过这样的方式，吸引大街上那些匆匆忙忙路过的人，希望他们能买自己的产品。更为重要的是，商家想通过这样的方式让购买的人认可自己的产品，在消费者心中建立自己独有的形象，也就是品牌意识，让消费者成为自己品牌的忠实买家。这种“一对多”的独白式营销，受众是一个一个的个体，个体之间几乎不存在联系，而且消费者与商家之间也缺乏沟通。任凭商家喊破嗓子，对于匆匆路过的人所产生的吸引力也很有限。

这种营销模式在互联网不发达的时代效果是显著的。然而，在今天，这种方式已经慢慢失效了。这不仅是因为看电视、看报纸的人少了，更是因为人们对传统的营销方式没有了兴趣。比如，竖立在大街上的广告牌，人们已经习以为然，大多数时候对此视若无睹。又如，各种商场促销活动以及越来越多的商家的招数被消费者揭穿，越来越理性的消费者不再轻易被忽悠。

由此可见，传统营销的优势已经被发达的互联网所取代。在传统的传播体系中，有权利发言的是少数者，大多数人都是听众。但是随着互联网的发展，人与人之间的沟通越来越便捷，交流越来越频繁，因为兴趣而形成一个个社群，社群成员之间彼此分享信息。每一个人都可以是发言者，每一个人都是传播者。这种力量使得营销发生了巨大的变化。

未来，传统营销会渐渐退出历史舞台，社群营销将逐步兴起！

1.3 消费变迁带来营销变革

1.3.1 功能式消费时代

在物资匮乏的年代，几乎人人都处在温饱线上挣扎。这主要是因为生产力低下，供给严重不足，无法满足社会成员的基本温饱和社会需求。在这种连生存都无法得到满足的情况下，我们可以认为需求是无限的。只要有产品产出，就一定会有人买走，甚至是抢着买。

比如，20世纪80年代，我国还处在计划经济体制下，居民收入水平普遍较低，市场也没有完全开放，即使有钱也买不到东西，消费水平也相对较低，最具特色的莫过于城镇居民必须凭粮票才能购买粮食。

除此之外，人们在日常消费活动中还需要用到食用油票、豆腐票、布票等各种票证。由于各种必需商品只能凭票购买，因此，钱无用武之地是当时的普遍现象。1983年，北京开了中国第一家超市，但那时候的消费者几乎清一色是外国人。

在那样一个时代，所有的消费都是刚性需求。买食物是为了不挨饿，买衣服是为了不受冻，买工具是为了提高生产。有关娱乐、享受的消费，在大众消费中是极少数的。因为生产活动只能满足消费者最低层次的需求，消费者也只有能力满足自身最低的需求。我们把这样的消费时代称为“功能式消费时代”。

在功能式消费时代，商品的出售者和消费者之间无须进行沟通。出售者没有必要做任何形式的广告和宣传，也不必投入任何资金来吸引消费者，甚至是交易完成后无须提供任何的售后服务，而消费者也不是慕名而来的，只是出于自身的需求，双方交易一完成即宣告结束。

在这种简单的消费模式时期，交易双方之间是以产品功能为纽带的弱关系，一旦有其他替代产品出现，彼此之间的关系就会终止。不过，即便如此，产品营销在当时也几乎是不存在的。

1.3.2 体验式消费时代

当市场竞争越来越激烈时，如何赢得消费者的青睐，是企业和商家都很头疼的事情。消费者日益表现出个性化、情感化等需求以及直接参与等偏好，从注重产品本身转移到注重接受和使用品牌时的感受，消费者对彰显个性的产品或服务的需求越来越高，“非从众”心理日益增强，此时的消费目的不再是以功能为主了。

体验式消费时代的到来，促使向消费者提供产品或服务之外的体验来满足他们个性化需求的营销方式的兴起，并且成为企业营销方式转变的一种重要趋势。那么，什么是体验式营销呢？

所谓体验，是指企业以服务为重心，以商品为素材，从生活与情境出发，塑造感官体验及思维认同，以此抓住消费者的注意力，改变其消费行为，并为产品找到新的生存价值与空间的营销方式。

伯恩德·H.施密特博士在《体验式营销》一书中指出："体验式营销是站在消费者的感官、情感、思考、行动、关联等方面，重新定义、设计营销的思考方式。"体验式营销，即"SHUP"模式，它主要是由看（See）、听（Hear）、用（Use）、参与（Participate）四个环节有机组成。实践证明，"SHUP"模式的应用对新业务、新产品的推广起到了助推的作用。

比如，有的宾馆在装修上很讲究个性，营造出一个亚马孙热带原始森林的环境。整个宾馆的餐厅被茂密的森林、淙淙的流水围绕。造型古朴的假山点缀其间，连餐桌、餐凳也是石头的。并且，还24小时播放着热带原始森林自然景观的音乐。在这样的环境下就餐会给人一种心旷神怡的感觉，这时吃什么都不重要，重要的是体验消费环境。

由此可见，体验并不是一种虚无缥缈的感觉，它可以变成真实的感觉或者一种实实在在的产品。消费者一旦在体验中被感动了，就会心甘情愿地花钱购买。比如上面提到的宾馆，如果消费者能深深地体验到自然环境下的放松，就会非常愿意花钱消费，甚至会经常光顾。

如何让消费者忠诚于自己，这是商家一直都在思考的问题，而体验式营销就是一个很不错的方法。因为体验式消费不同于功能式消费，交易结束后，就不再搭理消费者，甚至躲得远远的，这种"一锤子买卖"的做法已经不适合体验式消费时代了。

所以，要想博得消费者的欢心，售后成了重要的一环。真正的体验式消费，从产品设计就开始了，广告营销、营销推广、交易服务、售后服务保障等，每一个环节都必不可少。任何一个环节出现问题，都会让消费者产生不愉快的体验，从而失去消费者。

体验式营销是体验式消费时代的必然手段，谁能牢牢地把握住，谁就会讨得消费者的欢心，最终赢得市场竞争的胜利。不过，体验式营销的兴起是建立在企业的产品及服务质量、功能出色的前提之下的，顾客已经淡化了对物质的功能需求，而是追求更高层次的“特色”和“利益”。如果企业的产品和服务质量、特色、功能都不尽如人意，体验就无从谈起，甚至会将自己埋葬。

1.3.3 参与式消费时代

人的欲望总是难以满足的，在体验式消费时代，消费者过足了瘾。然而，这并没有让消费者满足，因为不管怎样体验，产品总是有不如意的地方，消费者希望产品应该是这样的或是那样的。于是，参与式消费时代就来临了。

消费者想参与产品的设计，除了出于自身需求外，乐趣也是一方面。比如，你非常喜欢骑行，很享受在路上的感觉。如果一辆自行车很适合你，骑着自然很享受，而如果有些设计是你参与改进的，是不是更完美呢？比如，原本坐垫太小、太硬，车把不能升高等，经过你的改进后，长时间地骑行就会舒服多了。

正因为消费者的这种诉求，使得一些知名企业迅速调整营销手段，参与式营销渐渐兴起，越来越多的企业通过开展创新性的参与式营销，将品牌话语权交到了网络用户的手中。到目前为止，我国参与式营销还没有特别好的案例，因为在这个体验式消费的鼎盛时期，大部分的商家还没有意识到这一点，唯一值得一提的就是小米。

提到小米，我们第一想到的就是手机，不过小米的第一款产品并不是手机，而是MIUI系统。在开发这套系统的时候，小米就充分做到了参与式营销。小米首先从爱好者中挑选了100名志愿者，让他们参与设计和改良，并不断扩大队伍，直到最后有意愿的“米粉”也可以进来讨论，所有的建议汇集在一起，最后生产了千元以下的红米手机。“米粉”们拿着自己参与设计的MIUI系统手机，自豪感油然而生。

因此，开放自己，让消费者参与进来，征求消费者的意见，制造出消费者真正想要的产品势在必行，这主要体现在以下两个方面。

1. 消费者已经居于品牌之上

在Marketing2.0时代，任何品牌若只是按照自己的推断去制订策略，去满足消费者的体验，这种一厢情愿的做法很可能会失败。因为消费者有自己的喜好，而且品位越来越高。企业要想让自己的品牌真正得到消费者的认同，让他们亲自参与品牌的建设是最好的办法。让他们主动提供自己的想法，然后把值得借鉴的想法融入自己的产品中，如此才能受到更多消费者的青睐。

2. 信息制造、传播的个体化

在Web2.0时代，网络媒体传播不再是单向性的，它成了一个信息支持平台和人气聚合平台。消费者不仅能获得信息，还能充当媒体。比如，商家通过网络媒体进行营销活动，消费者会根据自己的需要选择适合自己的信息，然后分享给周围的人，起到制造信息和传播信息的作用。因此，消费者的积极参与无形地起到了宣传的作用。

总之，在参与式消费时代，消费者的参与程度和营销活动娱乐性的要求日益凸显，单纯的广告宣传已经不能满足品牌互动营销的深层次需要。企业只有进行参与式营销，才能一方面持续了解消费者的想法和需求，另一方面在价值交换时与消费者进行更紧密、更及时的互动。企业只有培养了消费者对产品的感情，才能让消费者对自己的产品情有独钟。

1.4 传统营销失效，谁能取而代之

前文我们已经说了，传统营销不再适合当下的时代了。那种妄想靠设计出完美的广告词、推广活动以及富有说服力的道理就能改变消费者习惯的方法，难以奏效了。消费者也不再言听计从，无论商家多么努力，始终都会有各种批评，甚至是诋毁的声音影响消费者的行为。

那么，在这个发达的互联网时代，什么样的营销方式能取代传统营销呢？社群营销或许有这个潜力成为未来营销的方向，为什么这么说呢？

1. 互联网让社群如虎添翼

计算机网络技术的发展，为社群潜能的发挥提供了更大的空间。社群之间的联系因此变得更加便捷、紧密，社群的力量更容易爆发，而且比任何时候都更加灵敏，能够对非常细小的事件做出极为快速、高度一致的反应。可以说，互联网环境下的社群是一个很好的营销平台。

2. 社群蕴藏着强大的力量

传统营销基本是通过每一个个体，最大限度地去影响更多的人，这种方

式速度慢且范围有限。而在互联网的社群中，我们只需影响有限的几个人，就能触发整个社群的运行机制，爆发出惊人的力量。比如，有些品牌在一夜之间就“火”了起来，正是通过发挥社群所蕴藏的能量所产生的效果。

3. 社群让分享更为便捷

在传统营销时代，企业只要有一个优秀的产品加一个优质的广告就能取得成功。而今天，优质产品已经成为标配，消费者不仅需要好产品，而且需要好的服务、感情寄托。因此，只有顺应消费者的情感需求，牢牢抓住那些有强烈的表达欲望，愿意在社交网络上分享自己的购物体验、产品使用心得的消费者，才能取得营销的成功。因为如今的消费者已经习惯通过网络来了解产品，而社群就是他们获取信息的一个很好的平台。

4. 社群传播速度之快

互联网技术的高速发展，让信息传播突破了时间和空间的双重限制，变得速度更快、成本更低。在传统营销中，我们习惯用数量或规模来评估营销成果；但是在社群营销中，无论是企业还是消费者，都更加关注速度。企业通过社群快速宣传自己的产品，消费者则通过社群迅速地获取产品信息。

由此可见，社群营销是符合当下这个时代的。不过，任何事物都存在两面性，数字化社群能够一夜之间成就某个品牌，同样也能将一个品牌瞬间毁灭。这种能量来自于向原始人性的回归。互联网数字技术的高度发达，为人性这种原始能量的爆发创造了前所未有的有利条件。在可见的未来，社群营销将会成为一种趋势发展下去。

第二章

“互联网 +”让社群营销风生水起

2.1 世界因“移动互联网+”而改变

随着移动计算技术的普及、社交网络的广泛应用以及两大技术潮流的融合，移动浪潮势不可挡。移动革命不但会改变整个工业和经济运行模式，而且决定了未来商业如何运作。尤其在移动互联网主宰世界的当下，“移动互联网+”已经成为热门词语。无论是企业还是个人，都因此发生着改变。

也许你不太确定“改变”是从哪一刻开始的，但事实确实如此。诸如：

早晨睁开眼的第一件事情，可能不是急着穿衣服，而是拿起枕边的手机，刷一遍微信朋友圈，看看最早推送的一波头条新闻；

每隔几分钟，你会拿起手机，刷一次微信朋友圈，然后点赞或评论；

出门打车不用在路边招手了，你可以提前拿起手机动动手指，呼叫一辆出租车或是“专车”来楼下等你；

去一个陌生的地方旅行或出差，你不用担心人生地不熟，只要有“百度地图”就能一路畅行，有“大众点评”就能找到附近最火的餐馆；

出门在外，你可以不用带钱包了，如今很多商铺支持“支付宝”或微信支付，你只需要扫二维码即可完成支付；

……

由此可见，“移动互联网+”彻底改变了我们的生活，我们的生活变得越来越便捷。

另一方面，移动互联网也彻底改变了企业和商家，这得益于各种移动社交软件的风靡。比如，微信、微博、QQ等在手机上的大量普及，越来越占据着人们的思维和生活。在这种情况下，社群随之而出，企业、商家纷纷抓住了社群的概念，开始运用社交、互动等方式营销自己的产品。

移动互联网的出现，彻底改变了传统的网络营销。如今，在与用户聊天时就成功推广了一个产品；在与粉丝们打交道时，就将企业的文化、品牌概念植入到了粉丝心中；分享一些有趣的文章，也能吸引用户的点赞……这些都是社群带来的营销效果，更是企业所追求的。

在过去传统的营销方式中，功能是产品的核心价值。然而在“移动互联网+”时代，产品的服务以及更多的特色成了主流。如手机App更注重的是流程操作，如何让用户在使用时有更好的体验；微信公众号则更注重与用户的互动和解决问题……

可以说，移动互联网改变了企业营销的大方向，企业可以通过微信、微博等圈住用户，让用户与企业之间连接起一条不可或缺的纽带。

总之，企业若拥抱“移动互联网+”，并且走社群路线，不但可以节省宣传资本，而且可能获得意想不到的海量用户。因此，在“移动互联网+”的环境下，企业要牢牢把握社群营销的大势，与时俱进，适应变化！

2.2 处于“互联网+”风口的社群

2.2.1 什么是社群

自古便有“物以类聚，人以群分”的说法。可见，人类与自然界中的其他生物都有“集群”的天性。也正是这种天性使然，我们才组合成一个个不同的社群。

那么，什么是社群呢？简单地说，社群就是一群人的集合，他们因为有着共同的社交属性，诸如相同的兴趣爱好、价值观等而聚集在一起，成为一个群体。

如今的社群，更多的是指互联网社群，是一群被商业产品满足需求的消费者，以兴趣和相同价值观集结起来的固定群组。它的特质是去中心化、兴趣化，并且具有中心固定、边缘分散的特性。

社群在功能上突出群体交流、分工协作和相近兴趣，强调群体和个体之间的交互关系。社群成员之间有一致的行为目标和规范，并且通过持续地互动，形成较强的社群情感，是一种突破时间、空间，更强调实时性、社交性的人际沟通的关系群体。为了能让大家更好地理解社群，下面我们以豆瓣这个平台来进行说明。

图 2-1

豆瓣是一个以书影音起家，提供关于书籍、电影、音乐等作品信息的社区网站，它之所以能形成数量庞大的社区，最主要的一点就是其产品本身为消费者提供了对相同兴趣点进行分享的平台，电影和书籍都是人们娱乐的刚需。

豆瓣最初由一批乐于分享和娱乐并且具有人文主义情怀的核心用户入驻，他们通过平台提供的分享和评价为初步了解的用户提供参考和价值，引发叠加创作，使越来越多的内容聚集，孕育了人文主义氛围（兴趣点），并且引爆了社群价值（内容参考、社区交流等）。于是，社群就这样形成了。

当然，这只是一个例子，社群的平台有很多。在互联网发达的今天，社群遍布各个角落，每一个人都是某一个社群的成员，社群的红火已经势不可挡。

2.2.2 把握社群在移动互联网中的应用

随着中国移动互联网行业的快速发展，移动终端的特性也进一步得到体现。各类交流沟通类应用在手机端的使用，使社群的平台更为多样化，社群由于移动互联网的发达也变得更为便捷。

有研究表明，70.6%的人通过手机搜索感兴趣的信息，66.9%的人通过手机搜索寻找与工作、学习有关的内容，56.4%的人通过手机搜索热点事件。此外，人们在寻找衣食住行等日常生活信息时，也大多使用手机进行搜索。

由于手机移动端的便捷，消费者使用手机可以随时随地地进行网络购物。比如，有86.7%的消费者在家休闲时用手机上网购物，对部分消费者而言，手机已经开始逐步取代电脑在网络购物中的地位；60%的用户在无法使用电脑上网时使用手机网络购物；20%的消费者在上班、上学时用手机购物；另有40%和13.3%的用户在乘坐公共交通工具和排队时用手机网络购物。

由此可见，消费者线上购物的热情越来越高。事实也证明，62.2%的消费者在搜索购物信息后会在线上进行购买，13.4%的消费者在线上和线下购买的情况差不多，只有22.6%的消费者习惯于线下购物，1.6%的消费者完全不用网络。这些数据说明，消费者线上购物的比重占据多数，而且未来会不断增长，这为搜索企业和商家带来了越来越多的机会。

因此，企业要规划好移动互联网端口的工作，针对不同的智能终端开发出合适的界面，设置消费者使用移动互联网的场景，举行促销活动等，尤其是发挥社群在移动互联网中的应用，让消费者更好地得到产品信息，从而促使消费行为的产生。

2.2.3 互联网时代的社群分类

随着移动互联网的崛起，破碎化的实时在线与沟通成为常态，社群迅速“火”起来了。它以“自组织性”和“再生产性”为特征，秉承“有态度的内容、圈层化互动、共享中互利”的运营原则。不同的定位和性质成就了多样化的社群。

1. 产品型社群

在商业社会里，产品始终是第一位的。只不过与工业时代相比，产品的成本结构与性能属性发生了改变而已。产品的本质是连接的中介，过去承载具体功能，现在承载趣味与情感。优秀的产品能直接带来可观的用户、粉丝群体，基于这个群体往往还可以开展更多业务，实现利润的增加。

因此，企业要经营自身的产品社群，做到营销和产品合一、粉丝和用户合一，未必要通过产品直接盈利，还有更多的盈利方式可以探索。因此，互联网时代的企业需要更多地接触用户、粉丝与市场。

目前，产品型社群已经有了一些成功的实践，如黄太吉煎饼、锤子手机等产品社群，有着实体经营的产品，但又颠覆传统的产品销售方式，利用线上社群的影响力和传播力，充分激发粉丝的参与度和活跃度，最终带来线下销售的奇迹。

2. 兴趣型社群

一般来说，兴趣相像的人总是喜欢相类似的事物，他们总是在网上寻找相类似的东西。兴趣型社群，就是基于兴趣而创建的社群，通过虚拟网络由具有共同兴趣的参与者组成。参与者通过网络进行互动交流，寻找到一群彼此兴趣相投的伙伴，实现了人与人之间的自由聚合。

在这个追求自由化、多元化、个性化的社群时代，来自个体成员非常微小的兴趣、非常精细的需求、非常细腻的情感，都能找到同类的人组成社群，个人的兴趣因为有了社群的互动而引起共鸣并得到放大。

由于需求的个性化和兴趣的多元化，因此，兴趣型社群种类繁多，各有各的优势。如科技创业类社群36氪、美食类社群大众点评、时尚消费类社群美丽说等。无论是哪种兴趣型社群，都蕴含着巨大的商业价值，值得企业和商家挖掘。

3. 品牌型社群

品牌型社群是一种新的品牌营销模式，是由Muniz和O'Guinn提出的，这一概念强调品牌与消费者以及消费者之间的各种关系，而不只是当前顾客会员制所强调的折扣与优惠。品牌型社群是消费者以品牌为联系纽带，围绕品牌自发形成的组织。

品牌型社群有其独特的作用和价值，消费者可以通过参与品牌社群来分享知识、情感和物质等方面的资源，甚至是通过多种方式来构建和表达自我的个性，如参与品牌社群活动、展示自己喜爱的品牌、发布与品牌相关的广告。对企业而言，品牌型社群是发现顾客需求和信息、培育顾客忠诚的有效工具。强大的品牌型社群能够增强顾客的忠诚度，降低营销成本，奠定品牌信誉度，并产出大量促进业务发展的创意。

品牌型社群兴起初期，以线下活动为主。如哈雷车友会，就是由一群喜爱哈雷品牌精神而凝聚在一起的车友，通过哈雷大奖赛、哈雷故事会等，将全球的哈雷车友会集在一起。随着互联网的发展，线上品牌社群也逐步兴起。

4. 知识型社群

知识型社群，从狭义上讲，是指透过互动机制，如讨论区、留言板、聊天室、公布栏等共同创造知识、分享知识的企业团体。通常来说，它是由一个或多个小的讨论区组成的，可以分为以下几层（见图2–2）。

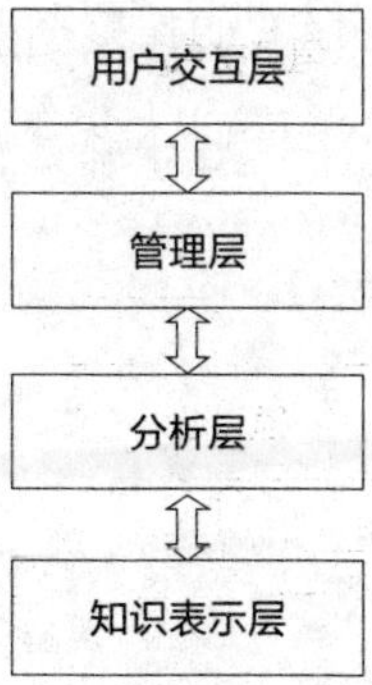

图 2–2

其中，知识表示层描述底层的知识点以及节点间联系；分析层对收集到的用户信息进行分析，根据已有的信息构建用户数据库；管理层则用于收集用户的信息，并根据用户数据库的信息对用户做出相应推荐；用户交互层则提供用户登录的接口，并可根据管理层传递的信息来显示相应内容。

从广义上讲，知识型社群则是指以学习知识为主要动机的社群，它提供高质量的文字、视频、分享会、课程、参观等形式的知识内容。在知识爆炸的时代，要分享知识内容是很容易的事情，在知识型社群中，务必保证分享的知识内容具有高质量的特点，没有高质量的知识内容是无法提升社群黏性的。

5. 工具型社群

工具型社群，更具体地说应该是社群应用平台，如微博、微信、陌陌等，是为人们进行社群交流提供的基础性工具。如今，社群已经渗透到人们的工作、学习、生活中，成为一种普遍的日常状态。在这一趋势下，社群成了加强实时沟通的一种灵活方便的工具。

比如，越来越多的公司用微信群组织会议、协调项目和处理工作。一个工作或者学习项目成立时，一个社群也随之组建好了，整个项目的信息都可以在社群中进行沟通。又如，朋友们在聚会散场的时候，都会一同加入一个群来交流和互动。可以说，工具型社群具有应用性、灵活性、场景性等特点。

2.3 社群兴起能否颠覆一切营销模式

2.3.1 社群营销与传统营销的区别

在移动互联网发达的今天，营销的方式已经由传统营销转变为社群营销。很多人不解社群营销究竟有着怎样的魔力，能让传统营销退出舞台。因此，我们有必要了解一下两者的区别，分析一下社群营销为何比传统营销更具优势。

1. 社群自由掌控，传统方式更被动

在传统营销中，为了将自己的产品更好地宣传出去，许多企业会把产品展示在一些专门做信息服务的网站上，然后与同行竞争排名的先后。最好的例子就是百度竞价，不过，这需要支付大量的展示费，而且效果往往不理想，这样的营销方式容易给企业带来资金压力。

社群营销则是通过微信、QQ、微博等社群平台进行产品宣传。这些平台的主动权都握在自己手里，只要通过合理的营销手段，就可以尽情地展示商品，粉丝便能快速地获得商品的信息。另外，这样的社群营销平台几乎没有额外的费用，因此更具优势。

2. 社群交流便捷，传统平台有限

在传统营销中，企业做促销或者推广，以线下活动居多，比如商场打折、广场促销，用抽奖或领取奖品的方式吸引用户参与活动。虽然有一定效果，但参与活动的用户不一定就是消费者，很多人可能与产品或者服务不相干，他们参与仅仅是为了凑热闹或得到奖品。

上面我们说了，社群营销是直接在自己的社群平台发布相关的产品信息。由于大多数成员都是基于兴趣聚在一起的，因此，社群中的用户基本都是自己的客户，他们参与是为了得到最新的产品，即便营销时优惠或奖励少一些，效果也比传统营销好很多。这主要得益于社群交流的便捷，提前将潜在客户聚集在一起。

3. 社群更有信任感，传统营销隐患大

在传统营销中，消费者可进入一个网站来获取产品信息，或者只听销售者的一面之词，这两种方式了解得都不是很全面，消费者有担心被骗的心理顾虑。

在社群中，消费者则不用担心这个问题。因为在社群中，消费者之间交流频繁，能从更多消费者的评价中得到一些准确信息，而且消费者自己也能发表使用心得。总的来说，社群营销让消费者对商品有了更透彻的了解，信任度更高。

4. 社群品牌透明度高，传统营销难以实现

在传统营销中，消费者购买产品时往往选择大品牌，而对中小品牌来说，它们很难形成品牌的信誉、提高品牌曝光度并增加影响力。而在社群中，企业的更多信息会被传播到互联网中，朋友圈、微博、QQ空间等都会有意无意地传播企业的品牌，所以社群更有利于提高品牌曝光度。

可见，无论从哪个方面来讲，社群营销都要比传统营销更具优势。当然，这里我们只列举了四点，其实社群营销还有很多优势，正是这些优势的存在使其颠覆了以往的销售模式，让更多企业前赴后继地向社群营销方向转变。

2.3.2 社群营销的颠覆力量

前文我们讲了社群营销的各种优势，它已经成为企业开拓的必要区域，其颠覆力量是巨大的，企业能否应用好社群营销，很大程度上决定了企业的发展前景。下面，我们通过一个案例来说明社群营销带来的颠覆效果。

星巴克是一家大众耳熟能详的咖啡店，但可能很多人不知道，星巴克也有一个艰难的成长史。1987年，星巴克的主人鲍德温和波克决定卖掉星巴克咖啡公司在西雅图的店面及烘焙厂，霍华舒兹则决定买下星巴克，同自己创立于1985年的每日咖啡公司合并改造为“星巴克企业”。

发展至今，星巴克已经在北美、欧洲和南太平洋等地开了6000多家店，近几年的增长速度每年超过500家，平均每周超过1亿人在店内消费。星巴克成为唯一一个把店面开遍四大洲的世界性咖啡品牌。

其实，星巴克的成功有着其独特的营销模式。比如，它对社群营销的操作就达到了炉火纯青的地步。在Twitter、Instagram、Google+、Facebook等诸多平台上，人们都可以看到星巴克的踪影，星巴克通过社群营销玩法来加深消费者的印象。

（1）借助Facebook和Twitter推广新产品。星巴克曾经为了促销黄金烘焙豆咖啡，推出Facebook App，顾客可以从中了解新品资讯、优惠福利等；而在Twitter上，星巴克也展开了宣传，并通过文章引流，让消费者更好地了解新产品。

（2）运用贴合热点的广告和主题标签。如美国曾遭遇“尼莫”暴风雪，星巴克借此在Twitter上推出了在寒冬中握着热咖啡的广告，并且利用“尼莫”和“暴风雪”等标签，让顾客感受到温暖，同时也加深了顾客对星巴克的好感。

（3）与Foursquare合作慈善活动。星巴克曾与Foursquare合作，推出抗艾滋慈善活动，顾客到星巴克消费，并在Foursquare上打卡，星巴克就会捐出1美元。

这些营销措施使星巴克更加深入人心，也能让关注星巴克的社群成员彼此传递信息，达到更大范围的推广，这就是社群营销的颠覆性。

当然了，星巴克只是社群营销的冰山一角，在偌大的互联网中，有太多这样的颠覆性案例。因此，无论什么行业，如果你还处在传统营销的瓶颈，则不妨搭建一个社群平台，去中间化，全心全意地营销，这样才能真正让社群带动你的发展和进步。

2.4 席卷互联网的社群思维风暴

2.4.1 什么是社群思维

社群是时代的产物，更确切地说是移动互联网时代的产物。移动互联网的发展让更多的移动终端成为传播入口，形成了一种去中心化的传播。从此，企业可以与用户零距离接触，这为产品的推广和销售带来了极大的好处。因此，做企业一定要具备社群思维。

那么，什么是社群思维呢？就社群本身而言，它是移动互联网时代人的一种新的生存方式和生存载体，它构建了很多新的社交关系，社群思维就是基于这种关系而产生的。实际上，社群思维也就是圈子思维，多人的思维模式调动集体的智慧，形成一股强大的力量。此外，社群思维也产生了新的客体关系，也就是用户思维。所以，不懂社群思维就没有未来。

在社群思维的大环境下，随着移动互联网的普及，上网入口无处不在，移动互联网的特点就充分地发挥出来了。第一是零距离，第二是去中心化传播，第三是分布式资源的重组。这三个因素导致人与人之间的关系发生了新的变化、新的链接。

（1）生理链接。这种链接是最基本的，人与人之间从陌生到熟悉、从伙伴到朋友等，这些都是在链接基础之上进行的，有了移动互联网之后，这种链接变得更为便利。

（2）情感链接。人与人之间只要进行沟通，就会建立情感，当你跟某个人产生情感之后，你们 之间的链接关系就升级了。

（3）精神链接。每个人的价值观、人生态度都不一样。但即便如此，人还是能找到与自己有相同精神追求的群体，也就是有相同价值观的群体。

人与人之间的这三种链接需要用行动去维护，才能实现彼此间的互动，也就是要有社群思维。我们知道，传统营销的思维模式是不停地挖掘新用户，而不注重对老用户的维护，以至于老用户流失。在这种恶性循环之下，企业也只能在赚取中间差额中成长，很难与消费者建立链接。

如果我们能够充分利用社群思维，在圈子里经常搞一些活动，让大家彼此认识，形成一种关系，社群中人的链接关系就发生了变化，从一个基础的生理链接，升级到了情感链接或是精神链接，这样的社群才是牢不可破的。一个企业的发展壮大需要这样的社群思维。

2.4.2 移动互联网时代要有社群思维

移动互联网时代，我们谈得最多的就是互联网思维。那么，什么是互联网思维呢？从载体来看，它就是手机思维，即在信息化时代发展到智能手机起主导作用的阶段，从智能手机的变化特点出发，对社会发展和信息传播规律的审视和商业思考。从平台来看，它就是社交思维，数字化的社交就是一场信息交互的运动，人与人之间通过发送、分享信息进行沟通和了解，在虚拟的人际交往中重新认识和建构属于自己的世界。

如今，手机已经成为人的智能“器官”，人们在“人机同构”中完成了“人际同构”，重新回归到“部落化”。从这个层面来说，移动互联网思维的核心就是社群思维。所以，传统企业要实现向移动互联网的战略转型，企业、员工必须要有互联网思维、社群思维。

在移动互联网时代，企业遇到了各种困扰。比如，建立起了拥有上百万用户的网站社区，却发现日均活跃用户总在几万徘徊；费尽心思举办各种活动，却只能被动等待回应；线下活动搞得热热闹闹，却发现这群人建起了自己的朋友圈、QQ群。

由此可见，在碎片化传播、去中心化的时代，企业再想一次性集中开展营销传播已经不太现实。目标客户散落在“部落”中，更多受众和消费者以社群的方式散落在各个平台上。在移动互联网时代，我们只能在适合的场景下，针对特定的社群，通过有传播力的内容或话题，结合社群的网络结构进行人与人的链接，以快速实现信息的扩散与传播，最终获得有效的商业传播和价值。也就是说，企业要有社群思维。

有了社群思维之后，企业才知道如何运用社群进行营销。在营销的时候，一定要注重内容的优质。互联网发布内容的一个重要特征是拟人化，所以表达语气的拿捏、内容主题都必须要有企业独有的特色。内容要制作精良，在趣味性中达到言之有物；要有真情实感，让人能够感受到内容制作者的心境；要与特定用户有较大相关性和特殊价值；要用漫画、音频、视频、图片、文字多角度呈现；要放松些，采用交流式，不说教，多讲故事；标题要有紧迫感、独特性，既明确具体，又要满足受众继续阅读下去的心理期待；要让内容更容易被分享、被使用。这样的内容才是客户想要的。

总之，在移动互联网时代，我们不单要寻找社群，更要以开放的思维建立自己的社群。用户在哪里，我们的社群建设就应该延伸到哪里。只有这样，企业才能实现营销的成功，实现更大的商业价值。

2.4.3 社群思维席卷下的企业抉择

如今，我们谈得最多的就是转型，在“互联网+”的趋势下，企业转型迫在眉睫，传统的经营方式已经不适合企业的发展了。不过，虽然很多企业看似把自己互联网化了，但是依旧快速地“死”去。为何企业转型会如此之难呢？

首先，企业——尤其是中小企业——获取用户的成本比较高。尽管互联网带来了很多流量，但是流量是不平衡的，甚至会被大企业垄断。

其次，不注重用户的维护。很多企业在得到了用户之后，不进行维护，难以获取用户的忠诚。

最后，有些企业变革不彻底，传统思维模式仍然存在，比如重视获得流量和用户，却不重视服务和体验等环节。

因此，企业要想转型成功、做大做强，就必须做出抉择，不但要把握互联网的优势，更应该建立社群思维。企业只有打造属于自己的产品社群，为社群成员提供更好的体验和服务，才能吸引和留住顾客。

另外，企业在拥抱社群思维的过程中，不应对新客户过于“宠爱”，也需要花时间去维护老客户，让新老客户之间形成一种情感纽带，让成员彼此之间无隔阂、无障碍，这样才能在社群营销中更好地前进。比如，食尚国味在这方面就做得非常优秀。

食尚国味集团是一家涉及专业餐饮连锁、软件开发等诸多领域的企业集团，在国内拥有40余家连锁分店，共40000多名员工。为了打造成中国最优秀的IT式餐饮品牌，食尚国味充分运用社群思维，将更多的会员用某种情感连接起来。

比如，食尚国味会在每周给会员们定期发放狂欢福利。正是这种维系情感纽带的活动，让食尚国味的会员们始终对食尚国味有一种向往和忠诚。食尚国味还会定期在微信公众号等社交平台中集合会员、集思广益，推出更多对会员和用户有利的活动。

在这种社群思维的模式下，食尚国味越做越大，企业的收益也越来越高。另外，食尚国味还在各种社交平台中搭建更多的用户活动中心，让新老客户都能加入这个大家庭中。

由此可见，企业需要及时拥抱社群思维，并且有效利用它，做出正确的选择，这样才能给企业带来更好的发展。反之，如果企业觉得社群思维是一种空话，是玩虚的，依旧走传统的模式，企业最终的命运可能就是被时代淘汰。

2.5 社群经济，商业时代下的趋势

2.5.1 社群模式成就移动商业

在这个不同于工业化时代的社群商业时代，移动互联网使企业找到了直接与消费者接触和交流的机会以及最有效的便捷方式。只要抓住用户的痛点，便可迅速地聚集一群追随者，形成各种各样的社群，这种通过社群来进行营销的商业模式渐渐地成为主流。

社群模式具备很大的优势，它是一种去中心化的自组织形态，通过社交工具聚合的关系链，形成社群组织中的主导者，以“失控”的模式打造品牌传播力，与社群成员一起分享观点，引起彼此之间的共鸣，通过移动社群模式构建起商业。比如，微商就是在微信这个移动社群平台兴起的。

2014年以来，微信4.0的发布让微商迅速崛起。当我们打开微信朋友圈时，满屏都是卖面膜、服装、保健品等产品的信息，这种利用熟人的相互信任进行营销的模式引起了一时的轰动，同时也产生了很多成功的营销案例。

在微信这个熟人经济圈子，人们是相互熟知、彼此关联的。用户一旦对某个人卖假货，就会被踢出圈子，这种得不偿失的做法，聪明商家是不会做的。

微信作为移动商业的平台，信息传播非常迅速，它将无数的购物体验从商场、网店转移到了彼此信任的微信朋友圈。随着社群时代的到来，这一点会愈演愈烈，而朋友圈的熟人经济，就是依靠彼此的信任才达成交易的。

这里讲的微信，只是移动商业平台的一小部分，随着移动互联网的出现以及社群模式的崛起，企业可搭载的移动平台会越来越多。

无论是什么平台，其实都是一个社群的概念。企业要做的就是将社群无限放大，甚至分成无数个亚部落，各种产品可以跨部落生产和营销，允许社群成员与企业共同制定社群中的游戏规则，使社群成员参与进去，逐渐形成一个强大的移动商业网。

总之，在先进移动互联网手段的作用下，人们进入了以价值观和信任为基础构造的新社群时代，未来的经济是社群经济，社群模式也将推动移动商业的高速发展。

2.5.2 社群+粉丝=客户

社群成员是基于共同兴趣、爱好等社交属性而聚集在一起的。对企业来讲，想要让社群成员成为忠实的粉丝，需要有足够的闪光点、吸引力、人格魅力，甚至是噱头，这样才能迅速聚集追随者。简单地说，就是让所有社群成员成为粉丝才更有可能成为客户。

为什么这么说呢？因为粉丝情绪是一种情感纽带的维系，粉丝的消费行为也是基于对品牌的感情基础。当粉丝喜欢或认可了某一款产品，他们往往过于感性，对产品的一切都很期待。比如“果粉”就是一个典型的例子。

“果粉”是指美国苹果公司电子产品的爱好者，这些人从iPhone开始接触苹果产品后，通过情感认同再延伸消费到苹果的电脑、iPad等产品，他们对苹果产品有一种执着的追求精神，凡是苹果产品都渴望拥有。

比如，每一次苹果出新品，“果粉”们几乎都是通宵排队，一片疯抢的景象，如此疯狂，只为抢到一款新产品，至于新产品好不好、功能提升了多少却并不重要。这就是粉丝效应，所以社群是基于粉丝才能运营起来的。

因此，品牌要么把粉丝变成消费者，要么把消费者变成粉丝。企业产品只有足够优秀、吸引人，才会得到消费者的青睐，苹果毫无疑问做到了这些。

再如，锤子手机概念刚出来的时候，大家都很不看好，但依旧有一群粉丝对其钟爱有加，即使它的定价超过了3000元，有着同样情怀和审美观的粉丝群体也认同它，不会认为它不值，这就粉丝的魅力。

这两个案例都说明粉丝的重要性。试想一下，苹果如果没有那么多的粉丝，就不可能成为手机界的“老大”；锤子手机如果没有“罗粉”，则它很可能只是昙花一现。在社群经济时代，谁拥有更多的粉丝，谁就拥有更多的客户。

2.5.3 社群+情景=消费

进入互联网时代，越来越多的企业进军互联网。企业再也不需要通过实体的一对多模式销售自己的产品了，只需通过互联网就能尽情地展示自己的产品，吸引属于自己的消费者。当然，伴随而来的是更多的竞争，因为类似产品众多，消费者不一定会选择你。

不过，对消费者来说，选择的机会多了，往往会更注重好的口碑以及能触发他们情感的产品。因此，企业要想争得一席之地，就必须抓住消费者的消费习惯。比如，触发消费者的情景需要，让他们进行消费，像唯品会的“我是买手”活动就是一个很好的情景营销案例。

2014年伊始，“时尚买手”一词的热度随着“我是买手”网络购物活动而迅速飙升。时尚特卖电商唯品会以高价投入抢下某视频网站全网独播的知名电视节目《我是歌手》第二季的网络独家冠名权，同时从2014年1月3日起，在《我是歌手》第二季节目同期推出一档“我是买手”的网络购物活动。带给用户一边听《我是歌手》7大明星歌手最强者过招，一边抢“我是买手”7大明星品牌0.7折最强折扣特卖的连贯娱乐体验，并邀请人气星爸张亮担任活动大使，触发粉丝情感，从而使得粉丝去参与“我是买手”的抢购，这就是情景营销。

可见，当社群营销与情景相融时，企业便不再需要过多地对产品进行广告宣传。此时消费者更注重参与的激情，消费者产生的购买行为基本是为了解决自己的需求。因此，在社群营销与情景融合的情况下，企业一定要精选有创意的、能触发消费者情感的产品。

情景之所以重要，是因为它能触发社群成员的情景需求，能实现物品与人之间的快速连接，从而促使整个购买行为的形成。在社群时代，情景是触发社群成员情感的阀门，不管采用哪种营销方式，社群与情景融合在一起，一定能触发社群用户的情感，得到精准的目标客户。

总之，现实生活已经被细分为各种情景，情景的兴起是社群营销的趋势。各种垂直生活类App的大量出现也是这一趋势的体现。情景即产品，产品即社群，这充分证实了“社群+情景=消费”的趋势。

第三章

概念解读，谈营销的社群化趋势

3.1 什么是社群营销

3.1.1 如何解读社群营销

什么是社群营销？概括来说，就是利用某种载体来聚集人气，通过产品和服务满足具有共同兴趣爱好群体的需求而产生的商业形态。所谓的载体，就是各种平台，如微信、微博、论坛，甚至是线下的社区，都是社群营销的载体。

图 3-1

比如，猫扑论坛为七喜建立的品牌Club，将喜爱七喜品牌的网友聚集在七喜Club里，并制作了七喜FIDO这一卡通形象（见图3-1），使其在消费者的心中留下了深刻的印象，从而让七喜的口碑逐渐地扩大。

可见，消费者对产品不再是功能上的需求，而是更多地追求诸如口碑、品牌、形象等精神方面，通过这些因素建立起对品牌情感的信任。当然，这些信任是建立在由有共同爱好、兴趣、认知、价值观的用户而组成的社群的基础上的。

因此，企业社群营销的关键是要做好服务，形成由产品、试用体验、反馈分享、跟进服务、增值配套、待客激励等组成的一条完整的生态服务链。有了这个核心，企业才能得到客户，这也是社群存在的最大价值。

总之，在未来的道路上，企业品牌如果不进行社群营销，是很难推广的。未来的商业必须走社群之路，企业只有经营好自己的社群，拥有数量庞大的粉丝，才能立于不败之地。

3.1.2 社群营销的关键在于消费者

人们常说“男人是理性的，女人是感性的”，体现在购物上也是如此，男人买东西考虑的方面很多，女性则只要喜欢了就买。事实上，一切购买行为归根结底都是感性行为。没有百分之百理性的人，也没有百分之百的理性需求。

试想，一个完全理性的人购物时，他一定会仔细考量商品的各个方面。比如，性价比高不高、当下是否需要……甚至会认为商家很逐利，即便这么实惠的价格，商家一样赚了不少钱，最后很容易就会放弃购买。

幸运的是，大众并不是百分之百的理性，所以一切交易才有可能发生。任何购买行为，无论你开始多么仔细地核对产品参数，比较性价比，到了最后，你都会发现所有产品都有不足之处，你也只能无奈地选择你自认为性价比高的产品。

由此可见，一切消费行为的决定因素都在于人的感性支配。对营销来说，自然要以感性征服为目的，也就是要重视人的作用。不过，商业营销并不是一开始就意识到并做到这一点的，而是经历了很长时间的发展才认识到了其中的重要意义。

或许你已经听说过著名的“从4P到4C”理论，也就是从以产品为中心到以客户为中心。这种发展的根本原因在于市场的转变，以前是卖方市场，消费者只能被动选择，所以营销就不太重视消费者。后来，随着商业社会的迅速发展，市场逐渐变成了买方市场，消费者掌握了主动选择的权利和话语权，商家陷入被动，所以消费者成了营销的中心。当然，这里不是说产品不重要，它已经成为最基本的要求。在此基础上，企业的销售要以人为中心。

社群营销即以人为中心，也就是说要注重消费者，以消费者的心理、行为、兴趣为出发点来进行营销。在自媒体时代，面对越来越理性与成熟的消费者心理、越来越碎片化的触媒行为、人们的兴趣越来越多样化的现状，如何在第一时间抓住消费者的眼球，让消费者更加省时省力地参与到品牌营销互动中来，是一切营销方式的前提。

3.1.3 社群营销的突破点

建立社群并不是最难的，你或许可以在一周内建立一个成百上千人的群，但这并不意味着接下来你能把社群做好，因为社群营销并没有你想象中那么简单。要想经营好一个社群，我们可以从下面几点进行突破。

1. 把社群成员转变为目标用户

社群营销的第一个突破点是从社群成员到目标用户的转变，通俗地说，就是“变现”，这也是社群营销的一大难题。很多社群做营销，人很容易进来，产品也容易有，但是如何把社群成员转变成目标用户就难多了。下面来看“鸟蛋”是如何做的。

手环的出现让运动更加有趣，骑行自然也少不了智能产品，“鸟蛋”就这样产生了。“鸟蛋”由众筹的方式建立社群，吸引自己的粉丝，然后定价49元，这亲民的价格符合互联网产品的价格区间。其次，“鸟蛋”老刘把社群成员做了分类，根据贡献及参与度设定了不同的级别，比如黄金蛋主、白银蛋主等，还把从“罗辑思维”那里获取的粉丝定义为罗粉蛋主。

这些营销的成功，使得“鸟蛋”很快就众筹1万份。其背后出现了100位黄金蛋主、1000位白银蛋主、365位罗粉蛋主的高度参与和自发推广，由此创造了20分钟众筹1万份鸟蛋的众筹目标，打破京东以往的纪录。

图 3-2

当然，成功并不是随随便便就能得到的，同样有很多小公司打着“智能”的概念进行众筹，如果只能依靠自然流量和在一些群里发红包来吸引关注，则这种效率是很难有所突破的。如果把相关产品的目标高敏感用户群聚拢起来，以社群营销作为切入点，相信所花费的成本会低很多，效果也能更好一些。

2. 让社群保持持久的热度

社群是有寿命的，玩过微信或者QQ群的人都应该知道，当你初次加入一个群时非常热闹，但随着时间的推移渐渐就安静下来了，因此，持久保持社群的热度是社群营销的第二个突破点。那么，如何解决这个问题呢？得从社群成员入手，并在参与机制层面上下功夫。

首先，要梳理并建立更清晰的社群族图谱，每个成员的特点都要以大数据的方式呈现在社群运营者的面前，比如每个成员都有哪些能力、特长，关系怎样，这些关系能否推动影响力渗透，等等。虽然做这些是很费力的，但一个社群要想发展，就必须这样做。

其次，为了持续让社群产生动力和新鲜感，应该赋予社群一个个任务，在每一个任务的驱动下，社群组织才能履行自身的组织职能，带动社群的发展。

另外，还要加大投入，刺激并鼓励核心团队参与进来，这样才能更好地完成目标。

总之，社群营销的步骤很容易掌握，但成功的案例较少，主要是因为没有突破以上两点。所以，只有找到正确的方法，用一些更好的方式，才能真正实现营销目标。

3.2 社群营销的运行方式

移动互联网时代，大家都在谈论社群营销，企业也想抓住社群的优势发展业务。然而，具体如何进行操作，对企业来说有一定的难度。下面，我们就来了解一下企业是如何运行社群营销的，或是具备怎样的条件才能做好社群营销。

1. 意见领袖是动力

社群虽然不像粉丝经济那样依赖个人，但它依旧需要一个意见领袖，这个领袖必须是某一领域的专家或者权威人士，这样才能推动社群成员之间的互动、交流，树立起社群成员对企业的信任感，从而传递价值。

2. 提供优质的服务

企业通过社群营销可以提供实体产品或某种服务，来满足社群个体的需求。在社群中最普遍的行为就是提供服务，比如招收会员、得到某种服务、进入某个群得到某位专家提供的咨询服务等，能吸引不少人群的注意力。

3. 优质的产品是关键

无论是在工业时代，还是在移动互联网时代，产品都是销售的核心。如今，企业做社群营销的关键依旧是产品，如果没有一个有创意、有卖点的产品，则再好的营销也得不到消费者的青睐。

4. 宣传一定要到位

企业有了好的产品之后，以什么样的方式展现出来显得尤为重要。在这个移动互联网时代，社群营销可谓是最好的选择了，这种社群成员之间的口碑传播，就像一条锁链一样，一环套一环，信任感较强，比较容易扩散且能量巨大。

5. 选对开展方式

社群营销的开展方式是多种多样的。比如，企业自己建立社群，做好线上、线下的交流活动；与目标客户合作，支持或赞助社群进行活动；与部分社群领袖合作开展一些活动。总之，企业必须在开展社群营销方面多下功夫，才能达到良好的社群营销效果。

3.3 社群营销的特点

移动互联网的到来，带来了营销的变革。如今，无论是PC端还是移动端，社群营销都占据着主导地位。从一定程度上来说，社群是最好的营销对象，因为社群有着巨大的优势。社群营销更是有着自己的特点，主要表现在以下几个方面。

1. 弱中心化

社群营销是一种扁平化网状结构，人们可以一对多、多对多地实现互动，进行传播，并不是只有一个组织人和一个富有话语权的人，而是每个人都能说，使得传播主体由单一走向多重，由集中走向分散，这是一个弱中心化的过程。

2. 多向互动性

我们知道，社群营销是通过社群成员之间的互动交流，也包括信息和数据的平等互换，使每一个成员成为信息的发起者，同时又成为传播者和分享者的。正是这种多向的互动性，为企业营销创造了良好的机会。

3. 具有情感优势

社群成员都是基于共同的爱好、兴趣而聚集在一起的，因此，彼此间很容易建立起情感关联。社群成员能够产生点对点的交叉感染，并且还能协同产生叠加能量，从而合力创造出涌现价值，使企业从中获得利益及有价值的信息。

4. 自行运转

由于社群的特性，社群营销在一定程度上可以自我运作、创造、分享，甚至是进行各种产品和价值的生产与再生产。在这个过程中，社群成员的参与度和创造力能催生出多种有关企业产品的创新理念或完善企业产品、服务功能的建议，使得企业交易成本大幅度下降。

5. 呈现碎片化

社群的资源性和多样性特点，使得社群在定位上也呈现出多样化、信息发布方式松散的特点，这就意味着社群在产品设计、内容、服务上呈现碎片化的趋势。虽然碎片化会使社群缺乏统一性，为企业的社群营销带来很多的不确定因素，但只要企业善于挖掘、整理，就能从中挖掘出社群的价值。

3.4 社群营销的优势

3.4.1 社群营销的优势在哪儿

如今，社群营销已经成为企业推广的标配，在中小企业眼中，社群营销是品牌最佳的营销方式。为什么企业都如此推崇社群营销呢？这主要取决于社群营销的以下几项优势。

1. 费用低

传统营销在推广上的费用巨大，且取得的效果有限。而社群营销所花费的费用相对低一些，比起传统媒体动辄百万、千万的投入，做好一个社交平台往往一年的预算不过数十万而已。这对企业来说，尤其是对中小企业，是非常适合的。

2. 效率高

社群营销是以目标人群的双向互动沟通为核心的，社群成员可以是信息的制造者，也可以是传播者。相对于传统营销的单向传播，社群营销更加高效。

3. 精准性

社群营销是网络营销里唯一能和搜索营销相比的精准营销方式，搜索是定向流量，社群营销是定向需求、人际信任、口碑传播。在即时性上，社群营销比起搜索更能提供新鲜资讯。

4. 传播快

社群营销虽然不能与大众媒体广泛传播相比，但是能到达精准目标人群，也就是在圈子里的传播速度非常快。一旦社群营销效果显现后，你就会感受到“一传十，十传百”的魅力。

5. 实效久

网络营销的特点就是“凡走过必留下痕迹”。社群营销是以人际关系、兴趣圈子、口碑传播为核心的营销方式，这些网络上的口碑随着时间的流逝，不仅不会消失，相反，不知道何时会被一些因素激活，能够二次甚至三次发酵。

6. 针对性强

社群营销，不仅可以作为普通宣传活动的手段，还可以针对特定的目标组织、特殊人群进行宣传活动。不管社群是以什么目的建立起来的，都一定具有类似的生活形态、人口特性等。由此，可以看出社群具有很强的针对性。

3.4.2 社群营销VS粉丝经济，谁更优

谈到社群营销，很多人都会想起粉丝经济，认为两者差不多是一回事。虽然两者有一些共性，但区别还是存在的，而且各有各的优势。下面，我来分析一下两者的优劣。

粉丝经济，是指在社交网络时代，架构在粉丝和被关注者关系之上的经

营性创收行为。通常情况下，有着较高知名度的明星、偶像和行业名人是社交平台上被关注的热点，并因此有着很高的经济价值。

从社会学角度看，粉丝是一种有特殊属性的社会群体，它具备社会群体的一般特征，包括明确的成员关系、持续的相互交往、一致的群体意识和规范、一定的分工协作以及一致行动的能力。

假如你建立了微信公众号，并积累了几万的粉丝，正准备开始做点推广收回投入的时候，你却突然发现粉丝们已经不看你的微信公众号了。这种情况，粉丝并不一定是讨厌你，他只是看不到你的推送信息，无法对你进行关注罢了。

其实，粉丝从关注到渐渐不看微信公众号的推送，周期大概是3～6个月，这3个月还是在内容的确有可读性的情况下。因为每个人的时间是有限的，他愿意分配多少时间给你，取决于他对你的黏性，而黏性取决于你的价值。所有的社会化营销的争夺与运营，都是在用一切办法抢占用户每天的24小时。

由此可见，单靠推送信息是难以留住粉丝的，粉丝需要更多的互动。有了社群之后，这样的问题就得到了解决，大家都乐意通过社群来分享、获取信息，这种传播效果要比某一篇被海量信息流覆盖的文章推送好得多。从这一方面来讲，社群有着更大的优势，主要体现在以下几个方面。

（1）社群的自运行生态。社群是围绕“同好”去做事、去成长的，而不是围绕某一个人去转的。社群的机构是多点之间的相互连接，强调的是凝聚力，缺失一个，瓦解不了整体，是一个可以自行运转的生态。

（2）群体氛围容易引起消费者的冲动购买行为。人都有从众心理，比如大街上围着一大群人，路过的人会不自觉地上前去一看究竟。正是这种行为，使社群成员容易相互感染，从而做出一致的行为。

例如，罗辑思维第三季会员开放前，罗辑思维建立了上千个微信群。在微信群里不断有忠实“罗粉”发布最新小道消息。到了正式购买这天，很多人纷纷炫耀自己抢到了铁杆会员，并询问群里熟悉的好友买了没有。很多在这个群里的人都买了，要留在这个群，不买个会员都不太好意思，甚至都不好意思只买普通会员。

（3）通过直接分享建立紧密联系，获得更多营销机会。例如，著名自媒体人万能的大熊创立的自媒体社群组织就很成功。它是国内最大的社会化营销社群组织，主要致力于研究和引领微营销及其品牌营销的发展潮流，帮助更多人通过微信、微博等工具，打造自己的品牌和产品，实现最低成本创业。通过一年的努力，大熊会已经成为超群组织。

总之，社群营销的优势不容置疑，它要比粉丝经济更优越一些。当然，借助社群做营销也是一把双刃剑，如果方法不对，会集一群人过于直白地进行产品推广，则最终可能是以退群的方式结束。因此，社群营销也要注意方法。

3.4.3 社群营销一定要抓住粉丝优势

社群营销对品牌而言至关重要，无论是创业型企业，还是已经发展到一定规模的成熟型企业，社群营销都是其中不可或缺的一部分。在品牌效应减弱的当下，要想做好社群营销，联结粉丝是一大优势。那么，如何才能联结到足够的粉丝呢？

1. 精准地选择粉丝

粉丝是社群营销中最优的客户资源，企业要想更好地联结粉丝，就要清楚地知道自己想影响的是哪一类粉丝。企业明确自己的目标粉丝后，就可以考虑如何找到与自身品牌定位相符的社群，然后去建立产品与社群粉丝的关系。在最初的营销阶段，将产品与目标社群放在一起，这样才能产生良好的营销效果。

例如，美丽说的营销，就是通过QQ空间这个社群平台积累了大批粉丝。之所以选择QQ空间，是因为美丽说的产品定位与QQ空间粉丝的定位相符，QQ空间的粉丝正是它所需要的粉丝。

在选择粉丝之前，美丽说认真地进行了审视。通过审视，美丽说找到适合自己的营销社群，成功地联结了这个社群的粉丝。可以说，美丽说最初对QQ空间这个社群的成功把握，为其日后的发展奠定了坚实的基础。

2. 优质的产品与服务

联结更多的粉丝是取得社群营销成功的关键，但必须有个前提，就是给粉丝提供优质的产品和服务，这样才能提高社群的黏性，长期得到粉丝的关注，这一点是任何企业都必须注重的。一个没有优质产品和服务的社群，一定是一个短命的社群。

美丽说成功联结到QQ空间的粉丝之后，非常注重提供优质的产品和服务，这大大提高了粉丝对它的黏性，使得众多女性网友活跃于QQ空间上。

美丽说会针对女性的特点，在QQ空间中做具有针对性的产品推广或是营销活动。例如，美丽说针对夏季女性需要凉鞋的需求向粉丝推荐了凉鞋，或是针对女性爱美、夏天怕被晒黑的特点做了遮阳伞的推荐。这些推广都是根据粉丝的需求而推荐的有价值的产品。

3. 抓住粉丝的痛点

企业一定要时刻关注社群里粉丝的诉求是否有变化以及产品性质是否跟上了粉丝诉求的变化。一般来说，企业产品的研发都是按照“发现粉丝的痛点—做出产品—解决痛点”这个形式来做的。如果抓不准粉丝的痛点，这个形式就会崩溃。

另外，粉丝的需求是在不断变化的，一旦粉丝的需求在短时间内发生了变化，而你又没有发现，那么当前的产品属性是否能击中粉丝的“痛点”，就有待商榷。当社群里的粉丝诉求与产品属性出现了不匹配的情况时，企业就必须要重新研发自己的产品，或是修改产品的某些属性，直到社群里的粉丝诉求和产品属性完全匹配。

买卖宝从成立之初就把通过社群联结粉丝作为第一要务，在多个城市对社群粉丝进行了调查。因为只有了解了粉丝的特质，才能了解到粉丝诉求的变化，才能对自己的产品及时进行改进。

如今，买卖宝进行了长达8年的社群抽样调查，从此，买卖宝真正地了解了每个社群的粉丝的需求，也很自然地建立了属于自己的服务模式。扎根社群，紧随粉丝的脚步，不断修改自己的产品属性，这就是买卖宝的营销和产品能够打动粉丝的根本原因。

总之，企业做社群营销，一定要善于抓住粉丝，这里不但包括精准地选择属于自己的粉丝，还包括抓住粉丝的痛点，然后把自己优质的产品和服务带给粉丝，如此才能取得营销的成功。

3.5 适合进行社群营销的行业

说起社群营销，很多企业显得茫然，因为行业不同，对能否照搬社群营销这种模式心里没底。虽然社群营销模式很火，但它可能并不适合所有行业。如果不适合的行业或产品进行社群营销，则很有可能会对企业和产品本身造成伤害，比如，无法体现低成本的特点，反而提高成本。

那么，社群营销究竟适合哪些行业呢？下面来简单了解一下。

1. 旅游行业

随着生活水平的提高，人们出游的次数逐渐增加。尤其是“80后”“90后”，他们广泛地使用社交软件和媒体，打开朋友圈、微博，处处都在晒旅游的照片。因此，旅游企业非常适合搭建自己的社群，比如微信、微博、论坛、社区等，然后给用户提供旅游攻略、互动平台等高品质的内涵，达到宣传推广的作用。

2. 服装行业

服装是时尚、潮流的体现，尤其是女性对穿着打扮的追求越来越讲究个性和品位。服装行业的社群营销应该通过一些有趣味、彰显风格的内容来吸引有相同爱好的用户聚在一起，然后向他们发送促销、优惠等信息。

3. 快消品行业

快消品是用户经常用到的，而且是不可或缺的。所以，在社群时代，这些产品更应该给用户一种新的体验和新场景，这样才能带来新的传播。比如，牙膏、洗发水等产品的明星代言，能引起大众的关注和广泛传播。

4. 电商行业

当下电商行业处于一个红利时期，电商企业以各种热门社交网站为主要切入平台，可以说是最适合进行社群营销的行业了。在社群时代，电商企业需要做的就是用好的产品、文案、内容、活动等来打动消费者，激发他们的购买欲望；同时，注重以人为中心，达到人与产品合一，才能长久地存活下去。

5. 餐饮行业

随着移动互联网的发展，人们再也不用跑到大街上去寻找哪家餐馆好吃，而是直接通过手机就可以搜索到周围的美食。传统的餐饮模式已经发生了变化，互联网餐饮逐步盛行，餐饮企业要想做出特色，就必须借助社群营销来吸引客户。

以上这些行业都是比较适合进行社群营销的，如果细看你会发现，这些行业都紧贴人们的生活，衣食住行都有涉及。由此可知，社群营销适合以大众为销售对象、消费者比较熟知的产品。当然，对任何企业和产品来说，没有最好的营销方式，只有最适合的营销方式。每一种营销方式都有其优缺点，社群营销也一样。

第四章

建群有术，优质社群是营销保障

4.1 社群构建的基本要素

4.1.1 定位

我们为什么要建立社群？通俗地讲，就是让对的人在一起做对的事。“对的人”就是要吸引精准的成员，“对的事”就是要明确这个社群的主题。因此，建立社群之前一定要做好定位，有明确定位的社群才能成长。

这里要注意，定位的主题一定是小的、领域细分的、比较精准的。因为社群的方向、话题相同，才能讨论并且产出价值，也才能成长起来。

定位准确的群，比如群内成员都有着相同的身份属性或有着共同的兴趣爱好，有类似的目标和需求或者有情感、地缘的联系，这种定位足够清晰、细分、精准的社群，才能让大家针对某一个话题展开讨论，协同去实现一些目标。

基于“同好”而聚集在一起的社群成员，无论来自天南海北，都会因为有共同的标签或者情感积累，把各自身上相同的部分不断提升和放大。这样的社群能持续地产生让人感兴趣的新话题、新内容，或让社群成员实现其价值，这就是一个好社群。

4.1.2 聚粉

有了明确的定位，接下来就要着手建立社群了。社群的建立虽然简单，但是聚集粉丝和维护却是困难的。我们可以通过以下方法来增加新的粉丝。

1. 多与粉丝交流

社群领袖不但要将各种元素融入社群中，让粉丝们有内容可看，有故事可听，还必须要保持一定的交流频率。这时，社群领袖可以多分享日常生活中的点滴或成长与创业的经历，从而与粉丝增进彼此的了解。

2. 多组织创意活动

没有一个社群不是因为丰富多彩的线上、线下活动而发展的。作为社群，必须活跃起来，通过创意吸引粉丝的眼球，并邀请他们参加品牌活动。社群越会造势，越能留住粉丝。

3. 发挥奖励的作用

红包可谓是引爆人气的最有效利器，用实实在在的钱去吸引粉丝是一个不错的选择。社群领袖时不时地向粉丝们派送奖励，是调动他们积极性的最有效手段。当然，社群领袖也不要忘记对粉丝进行精神奖励，以增强他们的归属感。

4.1.3 运营

运营，是社群正式运作的开始。运营的好坏，关系着社群的寿命。没有一个好的运营管理，社群是很难长期维持下去的。一般来说，一个社群从始至终要建立以下“四感”。

1. 仪式感

社群是一个团体，必须要有群则，这样才能维持良好的秩序。比如，社群成员加入要通过申请，入群要接受群规，行为要接受奖惩等，以此保证社群规范。

2. 参与感

社群运营，有高质量的内容是至关重要的，越多成员参与就会越热闹。因此，社群应多组织讨论、分享等活动，以保证在群内有话说、有事做、有收获的社群质量。

3. 组织感

社群要正常运行，社群成员就必须有组织性，否则就是一团糟。比如，通过对某主题事物的分工、协作、执行等，以此保证社群的战斗力。

4. 归属感

从一定程度上说，这是社群的灵魂，只有成员认同归属社群，这个团体才能长久。因此，多进行线上和线下的互助、活动等，有利于保证社群的凝聚力。

如果一个社群通过建立这“四感”而有了规范、质量、战斗力和凝聚力，就一定能长久地运行下去。

4.2 如何让社群具备持久的生命力

4.2.1 发挥社群领袖的作用

社群要长时间运行下去，并且爆发出巨大的能量，一个优秀的社群领袖是必不可少的。不过，前提是你必须要有优秀的产品、适合传播的话题，以及清楚自己要达到什么样的效果。因为社群的能量是强大的，它能够瞬间成就一个品牌，也能瞬间毁灭一个品牌，所以，运营社群要把握好度，不可盲目进行。

社群领袖具有强大的煽动力，是社群活跃与长久的核心。对于企业和商家，最关键的就是如何能够有效动员社群领袖为自己服务。当然，作为信息的发起者和源头，企业和商家要掌握发动社群领袖的基本原则——明确传递信息、坚定立场、反复强调以及进行传染性传播。

在数字化社群中，我们接触的信息实在是太多了。将某一信息植入大脑是非常不容易的，而要想实现这一目标，传播的信息就必须做到简单而有力量。

对商家来说，在信息输出之前，就必须要想清楚输出的核心内容是什么，不能抱着试一试的态度；也不要过于复杂，在这个繁杂的社会环境中，没有谁会专心听长篇大论，你只需输出最核心的一个点即可。

例如，恒大冰泉在一年之内换了9次广告主题和代言人，这种做法让消费者无所适从，完全不知道该何去何从，最后不得不放弃，选择其他品牌。当然，恒大集团财力雄厚，没有受太大的影响，如果换作其他中小企业，就会导致资金链紧张，很容易陷入困境。

所以，社群传播的信息一定要明确，而且要简单有力。当然，仅仅用一句富有力量且简单的广告词是不够的，还需要反复强调，多次传播，才能起到真正的作用。

例如，iPhone是不是最好用的手机？也许从技术上讲它未必是。但是，你身边的亲人、朋友、同事都说iPhone是最好的手机，他们在你身边反复强调，慢慢地你也会认为它是最好的。

一旦观念里形成了这样的意识，只要苹果公司能够持续生产品质过硬的手机，人们就会持续认为它是最好的手机，哪怕有另外一家企业能够生产出更好的手机，短时间内也不会在消费者的心中成为第一。

可见，当一个富有力量、简单、容易记忆的观点得到有效重复和传播以后，在人们的认知世界里便再也不存在异议，这就是所谓的流行观点。流行观点一旦形成，就会形成巨大的能量，在社群中具备巨大的传染力。

传染的力量往往来自模仿，模仿也是人类与生俱来的天性，没有什么能比天性蕴藏更大的能量了。传染的威力之大，不仅可以让人接受某种观点，还可以改变一个人的感情模式。这也可以解释流行、时尚的由来。

几十年前，全国上下盛行穿绿军装，那个时候，每个人都喜欢将自己打扮得和其他人一样，和别人走在一起，会尽量避免显示出自己的与众不同，以免被视为异类。

今天，大家追求的是特立独行，办公室里如果发现和别人穿类似或同一款衣服，就会感到尴尬。哪怕是在电梯里与陌生人撞衫，也会觉得不自在。促使这种变化发生的正是时尚流行的变化。而时尚流行发生变化的背后，正是模仿的力量。

总之，社群要想长久运营，首先是要建立在生产高品质产品的基础上，然后提炼一个简单而有力量的核心信息，进行反复强调，有效发挥社群领袖的作用，给消费者社群树立一个有力的榜样，进行传染性传播，从而形成流行观念。

4.2.2 “活”着的社群才有价值

社群对我们来说并不陌生，大到国家、宗教团体，小到QQ群、学生会等都属于社群的范畴。但到底该如何来定义社群呢？这个问题过于复杂，企业只需知道，社群就是一个就某个方面达成共识的圈子。比如，小米社群就是对小米的某件产品达成了共识的圈子。

就某个方面达成共识，这说明社群不是简单的一群人凑在一起，而是需要从精神层面寻找到某个共同点。数量不重要，但是质量很重要。质量就是“共识”，这种共识会直接影响消费者的购买行为。

不过，很多人依旧认识不到让社群保持活力、达成共识的重要性，而是单纯地从表面追求量的变化。例如，有些企业在给自己的官方公众平台或官方微博加粉的时候，没有任何选择，统统拉进来。这其实和传统的一对多的营销思路没有区别，只顾自说自话，而不顾及消费者的感受。

对营销来说，一个社群有价值的前提必须是“活”的，也就是说这个社群必须能够不断地发声。就像小米社群，只有那些参与到小米论坛、官方微博、线下同城活动等活动中来，而且愿意将这些活动通过各种渠道和别人分享的粉丝才有价值，也正是这些粉丝保证了小米社群的活力。否则，一个死气沉沉的社群对营销来说，是没有任何作用的。

那么，如何保持社群的活力呢？“共识”是基础。这里的共识是指让客户社群自愿地达成某种共识，而不是将某种观点强加给他们。我们必须要遵循人的自然情绪和客观原因，强行推销某种观点是传统营销中经常看到的现象，这样的效果甚微。

另一方面，企业不要试图去指挥、控制消费者社群。企业一旦有这种想法，就会人为制定出很多规则、制度。无论是出于什么动机，这些规则、制度最终都会成为束缚社群活力的桎梏。所以，对消费者社群，企业唯一应该做的就是满怀热情地去拥抱并参与其中，让社群活跃起来。

4.3 社群运营的关键策略

4.3.1 管理的中心化与去中心化

我们知道，社群运营必须要有人做管理，而且管理一定是能产生管理层级的。也就是说，社群是围绕一个中心来运转的，是需要中心化管理的。那么，去中心化管理又是怎么一回事呢?

去中心化是指社群传播的内容、信息不再是由专人或特定人群产生，而是全体成员共同参与、共同创造的结果。其次，在去中心化管理模式中，社群是放射线结构的，社群围绕灵魂人物聚集，然后每个节点又可以自由连接不同资源，安排自己的活动。社群通过灵魂人物的言行去影响整个社群的文化和价值观，而不是直接管理。

其实，去中心化管理是中心化管理的延伸，并没有谁更好的问题，也不是非此即彼。社群要做大，就必须允许去中心化的节点承担更多的责任独自去管理。在一个大社群中，对核心成员采取中心化管理，对外围成员采取去中心化管理，保持中心化管理的成员对外围群的影响力，适当平衡两者之间的比例，是做大社群的关键。

那么，社群运营该如何运用这两种管理模式呢？

例如，罗辑思维以“有种、有趣、有料”为口号，微信公众订阅号“罗辑思维”语音，每天早上六点半左右发出，365天全年无休；视频节目每期50分钟，每周五在优酷网播出，全年48期。试想，如果没有罗胖这个核心人物，社群就不可能长久地火下去。这可以说是社群中心化管理最好的体现。

再来看一个以去中心化管理为主的社群。BM社群在各个城市设有交流营、读书笔记PPT营、绘画营、码字营，这些社群都有独立的群负责人按自己的群特点去组织运营。总群负责人只是把各个分群组长们聚在一起，分享好的经验，提供可以共享的资源，提出运营建议，但每个群的决策权完全在组长身上。

由此可见，这两种模式都能够在社群中应用成功，只不过中心化模式有个偏强势的群中心人物驾驭与规范，对群有很大的影响力；而去中心化模式的中心人物偏弱势或者干脆就没有，但是一定有一个非常主动的连接者和沟通者。比如，BM社群的核心人物陈慧敏通过自己积极地沟通和交流，与不同社群的核心人物保持了紧密沟通，形成了大家都认可的群文化。

因此，无论是罗辑思维还是BM社群，都存在负责人和群规则，只是这两者的中心化程度不同。在社群资源不足、管理者能力有限的时候，可以采取中心化和去中心化3∶7的比例，让更多优秀的人才加入社群，管理者只是扮演连接者的角色。

在社群规模日渐成熟、管理者能够根据自身能力带动其他人的时候，可以采取中心化和去中心化7：3的比例，让资源得到更好的分配、优化、利用。因为当社群规模变大后，继续采用去中心化的管理模式，会出现所有人有事都找连接者，而连接者到处救火式响应，沟通效率反而会变低。

4.3.2 找准自己的目标粉丝

找准自己的目标粉丝是社群运营的第一步，因为有了准确的目标粉丝，企业才知道如何定位，如何去运行社群。很大一部分企业对此不以为然，认为自己的销售对象是所有人，这样的定位，只能说要么是本身太平庸，没有卖点，要么就是市场竞争激烈，利润极薄，结果就是社群很难运行起来。

因此，找到自己的目标粉丝，首要的任务就是进行定位。那么，怎样为自己的目标粉丝群进行定位呢？我们可从以下几个方面来操作。

1. 兴趣定位

企业可以从兴趣的角度来定位目标粉丝群，如QQ群、微信群、豆瓣小组等。这些社群都有清晰的目标粉丝群定位，企业可以通过搜索找到自己想要的社群。当然，企业也可建立自己的QQ群、豆瓣小组等，要标出这一社群的标签，这样粉丝就会被你的社群标签吸引，从而加入其中。

2. 网站定位

目标粉丝群肯定有喜欢浏览的网站，如妈妈们喜欢去婴幼儿论坛，摄影爱好者喜欢关注摄影论坛等。企业可以在这些网站发布有价值、有见地的帖子或观点，然后附上自己的联系方式（微信公众号、QQ群、微博等），这样就很容易获得目标粉丝。

3. 关键词定位

搜索目标粉丝群的相关关键词，这种方式比较适合运营微博、QQ群。

如果目标粉丝群是减肥女性，则可以搜索“我要减肥”“我要瘦身”，这样就可以搜到大量精准的目标粉丝，通过关注、评论、转发将其吸引到企业建立的社群中来。

虽然寻找目标粉丝群的方式不同，但是唯一不变的一点就是，目标粉丝群在哪里，我们就到哪里去找他们。先给目标粉丝群定位，找出特点，然后通过特点找到他们的聚集地，最后通过各种手段将他们拉进自己的社群中来。

梦幻西游是一款网络游戏，它在建立社群时，就先对目标粉丝群进行了定位。它通过兴趣组定位、网站定位、关键词定位来寻找目标粉丝，然后把他们拉进自己的社群。也就是通过对兴趣组定位，在QQ上寻找梦幻西游的QQ群，这些QQ群里的粉丝除了是玩家之外，本身也构成了一个社群。梦幻西游官方人员会加入这个社群，与玩家们互动。这些QQ群大部分都是由梦幻西游的官方人员设定的，玩家们会通过QQ群的标签寻找加入其中。

其次，梦幻西游还采取了网站定位的方式，在各个游戏论坛寻找目标粉丝群。例如，网易游戏指导员曾在一个游戏论坛“麻辣社区”上发了一个帖子，是关于领取游戏红包的。这也成为梦幻西游借鉴的方式，即通过在论坛中发布帖子，来吸引粉丝进入自己的社群。

最后，通过搜索关键词来寻找自己的目标粉丝群。在微博的搜索栏中打出“梦幻西游”四个字，就会出现相关微博、相关粉丝等。这些相关粉丝有些本来就是梦幻西游的玩家，有些则是对此游戏感兴趣但还未接触过的玩家。梦幻西游会通过这种关键词定位的方式，找到自己的目标粉丝群，然后吸引他们加入自己的社群，如引导他们关注自己的官方微博。

4.3.3 态度和服务要表里如一

社群运营表面看起来很简单，但真正运行起来的时候，你会发现依然存在很多问题。比如，社群成员很少互动，社群似乎不温不火。这究竟是什么原因呢？很多时候是企业自身的问题，比如态度和服务方面不够到位，这也是企业急需改变的。因此，企业应当做到以下几点。

1. 认真地对待每一个人

你是否羡慕其他品牌走红的社群平台？你是否觉得自己的社群做得并不理想？事实上，你一定要客观地来看问题，看成功的社群是怎么做的，看自己的缺陷在哪里。

比如，自从搭建了社群之后，你在社群搭建中向用户承诺要与每个用户、成员进行互动，但在真正实行的过程中，你却忽视了这一点，对用户的留言、评论置之不理。没有做到承诺与服务保持一致。因此，做到回应每一个人是社群营销的首要前提。

多芬从事美容行业有近50年历史，是联合利华最有价值的品牌之一。多年来，多芬从产品到态度，再到营销和服务，都象征着希望、快乐、和平以及所有积极的事物。在移动互联网下，多芬也展开了社群营销。多芬凭借积极的态度和服务获得了众多热情粉丝的拥戴。多芬对待粉丝就如同对待爱人、家人、朋友一样，其最大的特色就是回应每一个人。

打开多芬的微博或者微信公众号首页，会看到多芬提供了很多信息推文。而如果你看多芬的微博评论就会发现，多芬是一个非常勤奋的官微，它会对每个用户的评论都予以回复，而且回复得非常及时。这样就能让粉丝更快速地感受到多芬的关怀，也能更好地增强用户的黏性和互动。

所以，无论你是在微博还是在微信中搭建社群，都应该及时对粉丝的回应做出回复，而且在回复中，要注意语气、态度的委婉，不能像完成某项任务一样应付。

2. 保持一流的客服态度

在这个竞争激烈的商业时代，产品的质量成为标配，服务的好坏影响着销售。然而，许多企业往往不重视客服态度。比如，当用户想要咨询产品问题或者退货等事项时，客服总是很不情愿地给用户解释，或者回复较慢，或者语气强硬，或者直接不理睬。事实上，客服的态度也直接关系到社群服务的好与坏。因此，企业要在客服方面做到态度和服务表里如一。

例如，京东名鞋库运动旗舰店在客服方面就做得非常精致。用户打开客服网页之后，会先看到企业客服发来的信息："欢迎光临名鞋库，有什么可以为您效劳的呢？"这样的开头，首先就会让用户觉得有一个很舒服的服务开端，从而也就会对企业留下好印象。

接下来，用户在咨询问题时，名鞋库的客服也会耐心解答。最后还会耐心地为用户确认所问的各项问题，等得到用户的确切回应之后，名鞋库的客服才会放心地结束这次对话。

这种真诚、耐心的客服态度才是用户真正想要的客服态度。有了这种客服前提，用户自然会成为企业的忠实粉丝，随之而来的还有粉丝的好口碑，能为企业吸引更多的粉丝，形成更好的社群服务。

所以，企业需要意识到，在社群中为用户提供优质、细心的服务，从细节出发，从最细微的服务开始，为用户解决疑难，只有做到了这些，才能真正被用户认可。

4.4 社群运营的注意事项

4.4.1 社群切忌单打独斗

互联网时代，跨界成了一个新名词，比如锤子手机的成功就是一个很好的证明。所以，企业在进行社群营销时，也要有跨界思维。那些认为只要建立一个类型的社群，然后笼络住这部分用户，就可以获得社群营销成果的人想得太简单了。

企业只依赖一个大社群很难获得长期的营销成果，因为在多元化的互联网世界中，社群也应该是多元化的。虽然互联网社群是以价值观聚合而成的，但是社群与社群之间并非封闭存在，而是一个相互融合的状态。

因此，企业不懂得社群之间的相互通融，不进行跨界合作，靠单打独斗是很难长久生存下去的。企业不仅要注重社群之间的相互融合，与不同社群之间的合作也是必要的。

例如，2010年，蒙牛乳业与迪士尼进行了个性化的联合营销。很多人认为，蒙牛是乳制品，属于快消品行业，而迪士尼则属于娱乐行业，从表面上来看，这两个企业分属于不同行业，甚至没有任何联系。但就是这样毫不相干的两个企业却在社群营销方面联手，共同实现社群盈利。

当时，迪士尼推出了全新回合网游“梦幻迪士尼”，这个游戏非常刺激、震撼。用户在玩游戏时，可以享受到全身心的刺激体验。因此，这个游戏一经推出就获得了大量玩家的支持。而蒙牛也很快就搭上了迪士尼，想要为消费者和玩家带来个性化特色。

两个企业便开始了社群联合的模式：首先，在各大超市，人们会看到“梦幻迪士尼”中的游戏人物喝蒙牛乳品的广告和信息；其次，玩家在玩这款游戏时，可以花钱购买到标有蒙牛标志的虚拟体力补给饮料。

通过这样的合作，玩迪士尼游戏的人会通过广告而看到蒙牛饮料，从而因为自身需求而对蒙牛有好感；而蒙牛也在自身的消费群体中，宣传迪士尼游戏内容，两家公司利用彼此的资源获得了社群营销的成功。

这次社群的融合，让蒙牛乳品成了“梦幻迪士尼”玩家的补给能量的第一选择，同时也带动了蒙牛实体营销；其次，也让迪士尼在蒙牛粉丝群中获得了更大的传播力，吸引了更多年轻人去玩这款“梦幻迪士尼”游戏。

可见，在社群营销中，不同社群结合在一起进行营销活动会有非常神奇的效果，可以直接带动社群之间的互动、共同体验，让不同行业得到共赢的机会。

4.4.2 社群不要只顾卖产品

或许很多人不解：社群不就是企业用来进行营销的吗？为什么卖产品

的社群就会死呢？的确，建立社群的最终目的是盈利，但过程并不是简单地卖产品，因为社群的主体是人，不是产品。只有把人搞定，产品才能卖得出去。所以，以卖产品为主搭建的社群是难以生存下去的。

比如，人们很容易为一个明星而聚集在一起，却很少因为某个消费品聚集在一起。产品是没有生命的，如果不进行宣传，人们不了解它，则怎么会有人买呢？所以，企业首先要做的就是建立社群文化，建立彼此的信任，然后才是产品推广。

那么，企业如何搭建社群才不会死呢？首先，企业可以通过自明星的魅力和影响力来搭建一个社群。其次，如果没有自明星，那么可以用一些有趣的活动或者有内涵的内容来吸引趣味相同的粉丝关注，并且将其聚集在一起。另外，企业还可以通过一些有意思的体验，给用户带去更多的便利。

例如，中信银行与顺丰速运在2015年共同推出“中信顺手付”App，这是一个创新的客户端，也是国内物流与传统银行之间的一个联合。这两个不同领域的企业因为“移动支付”而联系在了一起，有了交叉点。从某种程度上来说，这是以两者交叉点为基础打造的一个新社群。

在这个社群中，人们会对顺丰和中信有一个全面的认识，从而积极下载。通过这个社群，顺丰速运的用户可以购买顺丰优选的产品、在线下单、体验快递服务等，中信的客户也可以通过这个App办理各种银行在线业务。因此，无论是中信银行还是顺丰速运，都在这个社群中得到了实实在在的利益。

由此可见，企业在建立社群时，如果想要让社群长久地运营下去，就一定不能只顾着卖产品，而是要以用户的实际需求、兴趣、便利、体验为出发点做好宣传，这样才能真正赢得用户的肯定和认可。

4.4.3 社群一定要有信仰

信仰是什么？这或许是一个高深的问题。简单地说，信仰是人们对人或事产生了兴趣依赖之后形成的一种精神上的依靠，使其成为生活中不可或缺的一部分。企业在进行社群营销时，如果想要获得长久的利润，就要构建起粉丝的信仰，这样才能长久地留住客户。因此，一个社群的生存与发展一定要有信仰的支撑。

例如，Darry Ring（简称DR）求婚钻戒是一个致力于真爱文化传播的品牌。男性用户凭身份证一生仅可定制一枚，寓意“一生、唯一、真爱”，购Darry Ring真爱钻戒，享Darry Ring式爱情。购买钻戒前签署真爱协议，授予真爱证书，并开通定制专属页面，凭身份证号码购买和查询。

一时间，Darry Ring吸引了大批忠实粉丝，每天都有大量粉丝下单。这是因为这些粉丝对Darry Ring有一种崇高的信仰，对Darry Ring的“真爱”模式的坚定信仰，始终维护着这个品牌。甚至这些粉丝认为，只有Darry Ring族，才能加入社区。这些人认为世界上只有两种人，一种是Darry Ring族人，另一种就是非Darry Ring族人。

此外，在新浪微博中，Darry Ring的一个“我是DR族”的话题竟然有13亿多的阅读量。大量的粉丝参与话题，晒出自己购买的Darry Ring戒指和真爱誓言。看到的人，也会被Darry Ring的“真爱”所打动，纷纷参与购买，于是，Darry Ring的订单每日只增不减，而且是持续地增长下去。

由此可见，当企业的产品有信仰，社群有信仰，粉丝也有同样的信仰之后，这个产品也好，服务也罢，一定会长久地持续下去。因此，企业进行社群营销必须要站在高处，往远处看，才能真正获得持久的利润。

第五章

社群传播，一切宣传只为营销

5.1 优质内容，是社群传播的本质

5.1.1 优质内容是营销根本

很多企业在做社群营销的时候，经常会问如何操作。其实，企业之所以不知道该怎么操作，很大一方面原因是不明确自己想要做什么内容。因为建立一个社群很容易，关键是接下来该怎么做，即在社群里发布怎样的内容。

通常企业在做社群之前，要考虑的问题很多，比如，内容如何规划，具体写哪些内容，如何写才更具有影响力，等等，这些都是必须考虑清楚的。因为优质的内容是营销的根本，企业需要用心花时间来制作有价值的内容。

比如一个网站，如果拥有优秀的内容，那么用户迟早有一天会来到这里，并最终停留下来。反之，如果网站上的内容很糟糕，甚至是简单地拼凑，用户就会流失。

如今，社会化媒体平台仅靠关系、朋友圈是不能持续的，唯一可行的办法就是提供优秀的内容，满足用户的需求。很多媒体也认识到这一点的重要

性，纷纷邀请高水平的专家开设专栏。企业更应该具备这样的意识。

我们知道，传统营销将60%的预算花在付费媒体上，20%花在内容创建上，其余的花在员工和代理机构上。而数字渠道有着自身的社会属性，颠覆了传统营销者的经济规则。所以，数字营销商倾向于将营销预算的30%用于付费媒体，而50%用于创建内容。

之所以注重内容，是因为客户决定着自己要看什么、如何使用所看到的内容，并将其转发到与自己相关的在线社区，营销者的“棘手工作”更多地由客户代劳了。这样做的好处是，花费在营销上的资金占销售额的比例大幅度降低，且对业绩的负面影响极小。

那么，优秀的营销内容该满足什么条件呢？主要有这三点：一是要能吸引人们的注意力，二是要能达到沟通效果，三是能够说服消费者。只有能满足这些条件的内容才是有效的。此外，有些企业认为能够流行的内容就是好内容，这是片面的，因为流行并不一定有效。

例如，某汽车零配件企业在国内拥有领先的技术和专利壁垒，但是一直以自吹自擂的内容来宣传自己的技术，效果一直不好。后来经过梳理，该企业最终确立了走专业的、提供优秀内容的路线。通过众多平台，企业将自身的优势和科研成果进行展示，一方面让整车厂商、科研机构可以寻找到它，另一方面加强了企业在行业领域的地位，最终获得了许多潜在的商业机会。

所以说，优质的内容是一把利器，它能够直插入客户的心里。企业要想做好社群营销，一定要在内容上大做文章，把优质内容作为营销的根本，才能实现通过互联网来影响用户的购买行为。

5.1.2　做客户想要的内容

有句话叫“江山易改，本性难移”。移动互联网的发展并没有改变人的本性，改变的只是人们的阅读习惯和行为，比如注意力变得稀缺。这就要求在互联网信息爆炸的时代，社群营销的内容不但要“精简”，而且要紧扣用户的口味和需要。

另外，消费者变得愈加老练，简单、俗气的内容几乎入不了消费者的法眼。那么，什么样的内容才能吸引消费者呢？主要包括以下几点要求。

（1）内容清晰，引人注目。互联网时代，各种信息满天飞，只有简单直接的讲解，用户才能够理解并产生共鸣。

（2）高质量的传播内容。制作精良且有一定趣味性、言之有物的内容才是用户想看的。

（3）有真情实感的内容。向客户传播的信息一定是用心写的，让客户能感受到内容制作者的诚意。

（4）内容呈现多样性。传播的内容如果是通篇文字，则客户势必不会感兴趣，而用漫画、音频、视频、图片、文字等多角度呈现，则更能吸引人。

企业在内容营销上的投入，不仅涉及发布的费用，更多的是内容的收集、整理和投入。在开展内容营销规划之前，企业需要反问自己：“我有什么现成的内容？”“我拥有的内容资源有哪些？”

传统的资料有宣传手册、印刷资料、网络简报、新闻消息、客户反馈等。其中一些特别的资源，都是企业前期拥有的。企业需要对这些内容进行归类，比如，哪些是需要用来完善的，哪些是可以直接使用的。

不同行业及产品，消费者对信息的需求也不同。只有熟悉用户的购买行为，才可以写出具有影响力的内容。下面，我将Kadient的内容营销案例做下说明。

Kadient是一家卖企业销售管理软件的公司，其业务依赖于销售人员的线下销售。通常是市场部门将制作的内容交给销售员，但这些宣传的内容及材料并不是销售人员想要的内容。与许多B2B公司一样，Kadient苦于应对很长的销售周期，即将产品推介给潜在客户到被潜在客户认可，再从客户培育到最后成交。这样的一个常规销售过程需要耗费半年到三年的时间。后来，Kadient制作出在销售周期的每一个阶段都能帮到购买者的内容，将内容解读清楚，以便能在整个销售过程中与客户进行互动。

Kadient有针对性地制作了电子书、行业白皮书和视频来聚焦那些想了解Kadient的潜在客户以及在购买过程中将Kadient纳入选择范畴的客户。

Kadient构建内容矩阵，制作的每部分内容都有其特定的目的。例如，Kadient制作了视觉上具有冲击力、可读性强的电子书，如《深入研究你的销售标准——发现营销背后宝藏的四种方法》可帮助客户了解销售过程。

Kadient的行业白皮书着眼宽广，着重解决购买者重点关注的问题。其中一本白皮书名字就叫《销售不管用吗？》。该白皮书通过回答"销售过程中存在一些固有的错误，是否需要进行改革了？如果进行改革？如何开展？"的核心问题，吸引了那些工作繁忙的销售副总裁们。

Kadient还通过制作个性化、幽默感强的视频来传递企业价值，例如，《一个销售副总裁的忏悔》描述的是一个销售副总裁在牧师前忏悔："主呀，我做过的最坏的事情就是当老板要我告诉他各个渠道的商业情报都有些什么内容时，我居然编造了些内容来骗他。"视频背后的潜台词是：销售团队常常犯的错误，但Kadient可以解决这些问题。

Kadient的内容营销成为新潜在客户的最佳来源之一。Kadient的电子书《怎样制作令人不得不看的销售指南》在细分人群领域获得了很高的下载量。

通过这个案例，我们可以知道企业只有制作客户想要的内容，满足他们的需求，才能吸引他们为企业埋单。

5.1.3 好的内容要有故事

在网络社群中，获得影响力与社会资本的目的不是随随便便就可以实现的。社会化媒体不是放烟花，需要聆听和互动。如果企业只关心本身，是很难获得影响力的。我们需要为整个社群提供价值，提供乐趣。

获得社会资本是个循序渐进的过程，需要战略、战术的支持。通过故事进行营销就是个不错的选择。因为故事可以在社群中迅速传播，容易引起用户的共鸣，获得认同感，达到构建社会资本的目的。

一个会讲故事的企业更容易获得真实的网络社会资本。那么，企业如何更好地进行故事营销呢？以下法则是非常值得学习的。

（1）企业要有明确的商业目标，确定内容营销所支持的产品，策划出内容营销大纲。

（2）花充分的时间了解消费者的信息需求、类型、特点、接受方式。

（3）确立差异化的营销路径以及区别于竞争对手的差异化内容。

（4）设定故事梗概，确定关键词，描述故事，故事兼具有趣与品牌关联度。

（5）安排好人员分配，进行内容传播，选择多媒体平台，进行有节奏的预热、引爆。

（6）衡量投资回报率，不仅是数字效果，更要注重由此带来的品牌价值。

（7）尽管没有任何一条法则、一条道路注定会成功，但建立以故事为核心的营销模式将是企业迈向成功的最佳选择。

（8）给人不一样的期待，将日常的点滴整理成故事供宣传使用。

很多公司在讲他们企业故事的时候，经常会这样说："我们很普通，没有什么特别的故事。"如果一个企业真的没有故事可讲，其魅力就会打折，但是如果我们用心挖掘和记录，其实故事就在身边。比如，下面这则"大葱哥"的故事。

在北京工作的一个山东小伙子，因工作需要被调到了上海。这个小伙子在公司OA上向领导抱怨在上海很难买到他爱吃的山东大葱。于是，充满爱的一幕出现了：他们那位"高富帅"的领导到上海出差，西装革履地坐在头等舱的休息室里，他行李箱上那捆不协调的大葱被同行业的朋友拍下后发到了社交网平台上，获得了广泛的关注。

这样一个小小的故事，很好地诠释了这个组织的温暖及对员工的关注。如果你仅仅说"我们福利待遇好，视员工为公司的财富"，则外人无法感知。"大葱哥"就是这样流传在企业内部的故事，我们需要做的是将这些故事整理、记录下来，和我们的客户、员工交流。可以说，不同的故事，影响的受众也不同。

5.2 巧妙一推，引爆社群传播链条

5.2.1 利用群主的个人品牌魅力做宣传

任何一个社群都需要一个强有力的群主。很多时候，社群的发展壮大，除了推广因素外，在一定程度上也取决于群主的领导。如何把名号打出去，让更多的粉丝知道，从而加入到社群中来，其中一个办法就是利用群主的个人品牌魅力。

这里说的个人魅力，也可说是一种品牌营销，它让粉丝在消费时认同这个产品，投资商选择合作对象时认同这个企业，让人一看这个品牌就知道是质量的代表。所以，只有群主做到这一点，才能发挥出个人品牌的推广效果。具体可以从以下方面进行。

1．提升粉丝情感

人都是有情感的，一旦粉丝对品牌有了情感，就会因感动而更有黏性。所以，群主应该深刻地认识到粉丝情感在个人品牌推广中的重要性，只有清楚地认识到这一点，才能加大力度对其未来的战略进行规划，并在具体的行

为中加以有效地贯彻。而要加深粉丝对群主品牌的情感或认识，互动是最好的拉近粉丝关系的情感联络方式。

与粉丝多进行互动和沟通，能使彼此之间的感情不断加深，粉丝对圈子的黏性也会增强。群主和粉丝之间是否能进行有深度的互动沟通，就在于群主是否把情感投入作为一种营销策略，是否能认识到这种方式直接影响粉丝对圈子的认可度。

因此，群主应该在群内建立起互动机制，使情感营销更为人性化，这样不仅能提升粉丝对群主的情感黏性，而且能保持粉丝的忠诚度。粉丝一旦通过互动，对圈子产生了感情，就等于产生了信任，即使群主有什么地方做得不好，粉丝们也会包容他，对群主发起的一些活动也会无条件地支持。

例如，很多人喜欢使用滴滴出行，不仅是因为它提供的便捷服务，更是因为它非常注重在社交媒体平台上与粉丝进行互动。比如，滴滴出行会经常在微博上发表一些颇为有趣的话题，如“滴滴打车，一个严肃的婚恋平台”（见图5-1）。这样的话题不仅能吸引粉丝查看，还会带来很多评论，加深粉丝对滴滴出行的印象。

图 5-1

2. 用个人魅力影响粉丝

“追星族”的出现说明了一个问题，就是我们总会被有个性、有魅力的人吸引，会不由自主地模仿或者跟随，这就是个人魅力的巨大威力。一个有魅力的人总能影响身边很多人，做社群也一样，想要做一个成功的社群，就必须发挥自己独特的魅力，这样，群内的成员才会认同你，群外的粉丝才会被你吸引。可以说，群主的个人魅力在社区营销中起到了巨大作用。

例如，聚美优品的陈欧无疑是凭借个人魅力圈粉取得成功的典型代表。陈欧进入人们的视野是从一则广告开始的，广告中一句“我是陈欧，我为自己代言”给人留下了深刻印象。陈欧因此迅速建立起了他庞大的粉丝群，粉丝数量不亚于一线明星，他的聚美优品也由此走上了成功的道路。为什么陈欧要为自己代言呢？其实就是为了进行与众不同的品牌营销，彰显个人魅力，让更多的粉丝加入聚美优品的社群（见图5-2）。

图 5-2

当然，魅力是需要实力的。陈欧品牌营销的成功，与他的丰富阅历有关。他16岁以全额奖学金考入新加坡南洋理工大学，而且是美国斯坦福大学最年轻的中国硕士毕业生。不同领域的三次创业，他的成名之路激励了许多“80后”。这些塑造了他个人的独特魅力，成为人们关注的焦点。很多人因为关注了他，从而关注了聚美优品。

5.2.2 设法让群内成员帮助宣传

很多企业在进行产品发布的时候，都喜欢请一些明星来助阵。虽然这样做的效果不错，也是很有必要的，但企业更应该意识到社群成员才是最好的传播者。因为成员才是你产品的体验者，他们更有话语权；所以，如何让群内的成员帮你宣传，是企业必须注重的。这种既有效果且费用少的方法一定要利用起来。

企业利用社群成员帮助宣传有两点优势。一是每一个群内成员都有强关系。每个人都有亲戚朋友，基于熟人关系的宣传效果会更好。二是群内成员都体验过产品，所以更加有说服力，潜在粉丝对他们有更高的信任度。不过，要想让粉丝自觉地帮助你宣传，还需要掌握以下技巧。

1. 增加福利，提高成员的积极性

利益是最好的驱动，粉丝能够分享社群的信息，一定是有原因的，要么是因为体验好而发自内心地转发或评论，要么就是能够获得一定的利益。所以，想要激发粉丝的推广热情，除了提供优质的服务，让粉丝获得最佳体验外，还要适当地给粉丝一点好处，如分享有礼、点赞有礼等。有了利益驱动，粉丝的推广热情才会更高。

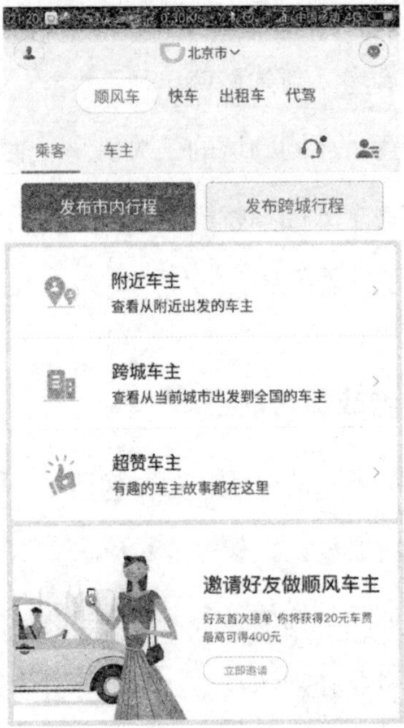

图 5-3

例如，滴滴打车就是通过这种方式来让群内的成员帮助自己做推广的。滴滴打车此前只有打车服务，现在已扩展出顺风车和快车两项业务，而且这两项业务在2015年异常火爆，滴滴打车的粉丝量因为这两项业务而持续增加。此外，滴滴打车还有出租车和代驾业务，让粉丝有了更多的选择。

滴滴打车在其他方面的推广宣传很少，主要是通过粉丝在使用完之后进行分享。为了激发粉丝的分享热情，滴滴推出了代金券活动。除了其他人可以抢代金券，分享的本人也可以抢。代金券多则几十元，少则一元。虽然代金券数量不多，但是每次分享都可以去抢，因此粉丝们的分享热情非常高。

除此之外，推荐粉丝使用滴滴打车，或是推荐司机加入滴滴打车的用户，可以使双方都获得30元的代金券。这么大力度的奖励，让粉丝们的分享热情极速高涨，滴滴打车的粉丝数量也随之激增。

2. 制造噱头，提高成员的凝聚力

社群成员在时间上的不统一，使得群内成员对社群信息的推广不能同时接收和散发出去，导致宣传具有分散性。所以，如果社群不够活跃，则很难达到特别好的宣传效果。要解决这个问题，就要给宣传活动制造一个噱头，通过这个噱头将粉丝们凝聚在一起，一起为社群做宣传，这样才能产生爆发性的效应。

例如，世界邦旅行网为了扩大自己的社群，联合新浪在微博上发起了一个“带着微博去旅行”的活动。只要在微博上发布“带着微博去旅行”的图文、视频，就可获得抽奖机会。同时，这个网站还设置了奖励机制，新浪和世界邦会对每周TOP榜的前100名进行500元的现金奖励。该活动的举办除了吸引世界邦旅行网的原有粉丝，还吸引了微博上不少热爱旅游的粉丝参与进来，世界邦旅行网的知名度一下子打响了。

由此可见，社群成员的宣传与分享所起到的推广作用是非常明显的。企业要学会带动社群成员一起做推广宣传，那样效果会更好。尤其是对一些中小社群来说更是如此，因为无法请到明星、大V，那就不如充分发挥成员的宣传作用。

5.2.3 让社群之间擦出“利润的火花”

互联网时代，每天都有千千万万个社群活跃在线上，每一个社群都有自己的一群粉丝，社群经济已经形成。有人说：“社群对了，事就成了。重要的不在于你懂什么，而在于你认识谁。”可见，社群在当下的影响力。

企业做社群就是为了寻找更多商机，而商机就如一根线，把各种社群像珍珠一样连在一起，就成了价值不菲的珍珠项链。所以，企业要发展，就必须联合一个又一个社群，将自己的人际关系范围扩大，把自己的品牌影响力扩大，让社群联合社群滚出巨大的“利润雪球”。具体可以从下面几个方面来操作。

1. 多与相关性的社群联合

前面我们已经讲过，单打独斗的社群很难发展，所以社群联合社群做推广是一种很好的手段。但需要注意的是，联合社群要掌握好技巧，也就是寻找相关性。一是粉丝相关，只有其他社群的粉丝群与自己社群的粉丝群的组成人群相似，从而吸引到相关的粉丝群，才能产生经济效益。二是市场相关，比如登山旅行社可以与卖登山服饰的商家联合，因为都是户外业务。多进行这样的联合，就能在无意间找到新的粉丝。

例如，途牛旅游网为了扩大自己的粉丝群，就与湖南卫视《爸爸去哪儿》栏目进行了合作。途牛网与《爸爸去哪儿》可以说是有着不解之缘，《爸爸去哪儿》第一季播出后，获得广大观众的一致好评，节目中的人气明星家庭林志颖及其爱子Kimi成为途牛网品牌代言人。

其次，途牛网冠名《爸爸去哪儿》第二季官方图书的花絮版、亲子版、家庭版、地点版、家教版，共计16个图书品种，印刷量达100万册，深受读者喜爱。多维度的品牌投入和推广，使得途牛网的品牌影响力与美誉度提升显著。

2. 尝试联合不相关的社群

寻找有相关性的社群进行合作自然是好事，因为有着相近的粉丝，更容易达成目标。不过，我们很多时候也需要创新，比如找一些看起来毫无关系，甚至有冲突的社群来做宣传，反而能激发出更强烈的火花。两个完全没有交流的社群突然一起合作，很容易引起人们的好奇心，也更容易引发讨论的热潮。有人讨论，有了热度，自然就有了关注度。

例如，全球最大的P2P公司宜信旗下的网贷平台宜人贷与Blued的合作，共同推出了“敢2”品牌活动，号召年轻人坚持自我、大胆创新、勇于开创。“敢2”的精神非常符合LGBT人群的价值观，这也是双方达成跨界合作的重要基础。合作中，双方以“敢2”为主题发起了深度互动话题，而且还推出了一款“你会和他们一样成为‘敢2’的人”手机互动游戏，让大量的LGBT群体一起大胆秀自己，勇敢创新。

此次合作，使整个中国互联网和众多主流品牌都披上了彩虹旗，掀起了一场“彩虹营销”狂欢：天猫的logo，那只黑猫被换成了七色猫；海尔放出彩虹冰箱海报，广告词是“个性生活，如爱多彩”；TCL手机在七彩屏保上宣告“活，就要出彩”；等等。包括宜人贷此次与Blued 推出的合作，也是“彩虹营销”的一种。

3. 对待小社群一视同仁

一个社群营销的效果，不能以社群大小来判断。即便是小社群，有时候也可能比大社群收到更好的效果。所以企业不要看不起小社群，小社群粉丝虽少，但可能都是高质量的粉丝。其次，真正的大社群并不多，并且大社群资源好，想找它们合作不仅门槛高，而且竞争激烈。所以企业对待小社群也要一视同仁，小社群也是可以发挥出巨大威力的。

例如，九阳集团曾经为了让自己的天猫店铺获得更多人的关注，就联合微博上的美食达人、育儿专家为自己的天猫店铺及一款新产品面食机做推广。虽然这些美食达人、育儿专家的微博粉丝数量没有微博大V多，但影响力和取得的实际效果却不小。因为他们的微博粉丝都是精确粉丝，活跃度很高。

第六章

社群文化，让营销充满人情味

6.1 社群需要有文化做底蕴

6.1.1 文化是社群的灵魂

人类的发展离不开文化，同样，一个社群也离不开文化。因为，任何资源都是会枯竭的，唯有文化才能生生不息。企业的产品也是会过时的，唯有文化能够长盛不衰。比如，苹果手机刚上市时很火，现在我们回过头来再看iPhone1，也会觉得它粗糙不堪。但苹果的印象在人们的心目中并没有太大变化，这就是苹果文化的体现。

所以说，任何企业或组织想要持续存在，必须形成一套有鲜明特征、打上自己烙印的文化体系。文化能起到对内凝聚人心、对外彰显品牌的功能。尤其是社群文化能很好地回答：社群的存在为了什么？社群要实现什么目标？社群在实现目标的过程中秉持什么理念？

例如，三个爸爸净化器的创始人戴赛鹰在内部分享时坦言，三个爸爸一路走来并不是像大家想得那样顺风顺水，也走过一些弯路。戴赛鹰总结自己犯过三个失误，他说："第一个失误是一开始不注重内容建设。虽然品牌里有很多情怀，但并没有针对亚文化群体去生产有价值的内容。第二个失误是没有在知名的硬件产品里找到跟用户深度互动的方法。没有这个方法，很多用户买了产品就是买了，没有跟我们去深度互动的理由。第三个失误，虽然我一直在寻找做社群的方法，但是尝试经过几次并不太成功。因为我们并没有提炼出亚文化的体系和特征，做出亚文化价值标签。当然，这是因为我们探索的深度还不够。”

由此可见，文化对企业的重要性，它可以产生比发起人更高的群体智慧。移动互联网时代构建社群必须要遵循“平等、开放、协作、分享”的互联网精神。

除此之外，社群还需要有利他文化。对文化的认同是一切关系的开始，创造共同的语言与价值后，追随只是必然的行为。社群只有能源源不断地带给群成员温度感、存在感、优越感，成员才会长期留下来，并传播社群文化，成为社群的代言人。

6.1.2 价值观是社群文化的体现

对一个社群来讲，价值观是社群文化的体现，更是社群的灵魂，拥有共同的价值观是凝聚社群成员最根本的保障。所以，企业在运营社群时，首要一点就是要树立好社群的正向性价值观。有了明确的价值观，社群才有存在的价值。

价值观是一种很抽象的东西，又是企业不可或缺的文化。我们在社群中需要通过不同形式把这种价值观体现出来，不管是通过语言口号，还是通过各种活动。因为一个价值观鲜明的社群组织，它的社群成员的认同感会得到很大的提升。

2014年1月，麦田社群成立，起初不过100人，经过一年的发展，已经汇聚了30000多人，拥有120多个分群。如何在这样的一个公共空间里面表达自己的意见？如何就公共事务及其他共同关心的问题进行信息分享和意见交换？这一切都要归功于社群文化和共同的价值观。

就如麦田社群的总群主“抱剑先生”曾经在微信公众号上说的那样：“20000多来自五湖四海、各行各业的中上游人士汇聚而成的互联网社群，是什么力量推进它成为越来越具有影响力和聚合力的超大社交平台？答案是文化。文化，是拯救人心的最后、最柔软的力量，麦田因此而名为文化麦田。”

麦田社群有自己的文化和价值观：向善向上向阳；崇尚家国情怀、欢乐精神、兄弟文化；致力于文化自觉、自省、自我救赎；追求精神高贵，主张灵魂附体；倡导主流、开放、多元、分享、包容、涵养、良善、慈悲、情义、担当等。这样的文化与价值观，是每一个进入麦田社群的网友都认同的。

可见，文化与价值观的力量是很强大的，一旦个体通过社群文化，将自己归属到社群这样的集体后，当他看到个体的行动成为集体行动效能的重要元素时，就将反过来强化个体的社群共识，从而更加强烈地依据群体规范进行讨论和行动。也就是说，这是一种相互促进的模式，文化与价值观让社群更具有凝聚力。

6.1.3 社群亚文化的构建

移动互联网的发展，让人与人之间的交流变得更为便捷，各个类型的人群能够基于共性迅速地自发聚集形成社群。这种共性可以是基于兴趣聚合、生活方式聚合、价值观聚合、时间和空间的聚合。甚至一个人可以因为不同身份进入不同的社群，比如某个程序员是小米的粉丝，平时的爱好是看动漫。这里的看动漫就被认为是社群的一种亚文化。

那么，什么是亚文化呢？它是指与“社会主流文化”相对应的那些非主流的、局部的文化现象，指在主流文化与思想体系之外，属于某一区域或某个集体所特有的观念。一个社群内部如果有自身的文化，就意味着该社群内部有着更强的聚合能力，对外有着文化输出的能力，这种社群的价值远远大于一个单纯的人员聚合型的社群。所以，亚文化对社群来讲是非常必要的。

比如，一个成功的社群内部，往往有着他们自身的语言符号体系，这种体系里的词汇含义是高度概括化的，不同于词汇的原始含义，如果不是社群内部成员，则初次见到时是不能直白理解其含义的。如“宅”之类的词汇就是在这种环境下所生成的。而这种词汇符号是组成亚文化的最基础元素，也是亚文化在传播过程中最直接的载体。

可见，亚文化是社群文化的一种体现，它不同于主流文化，但起到的作用却很大。所以，企业构建社群一定要在内部建立自己的亚文化。具体可以从以下几个方面进行。

1. 建立群体化认知

我们都知道，一个社群能够聚集起来是基于成员内部的共性，但是这种共性往往是相对抽象的，是成员选择加入社群的理由。在组建完社群之后，面对具体的事件，社群应该在社群内部建立一种氛围，让社群成员对这个事件有高度一致的认识，以建立一种群体记忆，让每一个人都以社群内部成员的身份参与其发中。

最常见的手法是社群管理人员有意识地将热门事件或大家感兴趣的话题

多次提及，这种话题本身就有吸引力，从而引导成员对其中的内涵进行多次消费，最终形成一种只存在于这个群体成员内部的集体性记忆。这种重复强调的过程能够加强群体成员之间的默契程度，进而加速提升内部成员之间的好感度。

2. 内容上的梯度

群体化认知的建立，往往会在无形之间增添了社群的壁垒，从而使得准入门槛提升。对外界成员来说，想要从零开始适应这种环境是需要付出较高成本的。社群内部消费的元素越多，越有利于社群内部的分层，外界的新成员能够找到和自己相符合的层级，自己所能消费的内容，不会被已经成熟的社群文化拒之门外，这种层级的多样性也是一个社群能够自发、持久运转的根本。

例如，一个人不懂得现在的弹幕文化，你让他直接发表符合二次元社群习惯的弹幕是很难的，但他也可以在弹幕网站上停留，因为弹幕网站上的影视内容是他可以直接理解的，他纯粹是以内容消费者的身份加入社区，并在观看的过程中逐渐理解弹幕文化并加入社群的互动中。这种内容上梯度的建立可以保证一个社群内部文化正常的自生长。

3. 保证社群定位

移动互联网能将社群成员进行无限细分，所以构建一个“超大规模”的社群很难。因为只有当一个社群内部的认同度达到一定程度以后，社群才有存在的意义，而当一个人的身份属性被划归得越细的时候，这种认同感就会越强，反之则越弱。

如果能保证一定量的新用户加入，就可以推动社群内部文化的自生长；但如果新用户大量地涌入，则会导致社群质量劣化。这种外界用户的涌入会极大地破坏一个社群内部的文化氛围和认同度，所以作为社群的管理者和组建者一定要把控好。

绝大多数的亚文化，都是社群成员在互动过程中的二次产物。一个群体亚文化是在其最初的应对社群中孕育而生的，这使得其必然来源于“一小部分互相有着较强认同感的人”，这种文化想要获得更大规模的认同就必须向外扩散，具有比较高的传播成本和难度。而且它的内涵也会在传播过程中发生转变。比如“宅文化”原先只是源自于一小部分特定的群体，结果在传播过程中变成了一种更广泛的生活方式。

所以，对于社群内部亚文化的具体内容塑造，我们是很难用手段进行控制的，它在逐渐传播和成熟的过程中，会在一定的背景之下进行自我演变。我们需要做的就是搭建一个有利于社群产生其文化的环境。

6.2 情感是社群营销的基础

6.2.1 如何让社群营销充满情感

情感作为一种体验，是人们对一些真实或想象的行为的肯定或否定的评价，以及由此而引起的各种精神或生理、心理的反应。由此可见，情感能为人们提供信息以吸引人的感官或本能的内在喜爱作用，从而影响人的决策和行为。更重要的是情感通过内在的价值观念，影响人们在消费中扮演的角色。因此，社群营销需要情感做支撑。

众所周知，在所有的营销模式中，情感营销一直很有效。所谓情感营销，就是把消费者个人的情感差异和需求作为企业品牌营销战略的核心，通过与消费者的心理沟通和情感交流，借助情感设计、情感广告、情感促销等手段，来激发消费者潜在的购买欲望，赢得消费者的信赖和偏爱，进而扩大市场份额，以实现企业的经营目标，取得竞争优势的一种营销方式。真正的情感营销是一种人文关怀，一种心灵的感动。

其实，社群营销也一样可以借用情感的优势。因为社群一旦充满了情感，就能将消费者的思维提升到情感和人生价值的追求层次上。这样就能加深消费者对品牌的忠诚度。可以说，情感营销是最能让企业或产品获得成功的方式。那么，如何进行情感营销呢？

1. 将情感融入产品中

在传统营销时代，由于供小于求，消费者只注重产品的功能这最基本的需求。而随着我国市场的发展，如今市场处于供大于求的阶段，各个企业同类产品的功能和质量越来越同质化，消费者更注重心理需求的满足。因此，想要让自己的产品突出重围，就要在情感上入手。

一方面是定制产品。定制产品是指企业在制造、设计产品时，充分考虑到不同消费者的需求，赋予消费者更多参与产品制作的权利，再把主题落在某个具体的产品上，通过情感的诉求让消费者接受产品。另一方面是设定主题。设定主题是指把握好消费者在特殊时期的需求，在设计、制造、营销产品时充分关注社会，绝不能伤害到消费者的感情，更不能伤害到消费者的利益。

例如，电影《美人鱼》的上映，虽然只是简单地讲述了富豪刘轩和为了拯救同族前往刺杀他的美人鱼珊珊坠入爱河，谱写了一段人鱼爱情童话的故事，但由于是周星驰执导，影片好不好暂且不说，粉丝的效应让观众充满了期待，最后能拿下30多亿元票房，也与粉丝对周星驰的这份情怀不无相关。这可以说是一个很典型的情感营销案例。

2. 善于用情感做广告

经营社群，如果想打“情感”这张牌，那么制造情感广告是非常必要的。广告要以情定位、以情动人，把情感和内容联系在一起，才能引起粉丝的共鸣，在情感地打动下，自然而然地接受产品。

例如，佳洁士牙膏广告。大意是妈妈牙疼，小女儿看在眼里急在心里，砸碎心爱的存钱罐，给妈妈买了支佳洁士牙膏。这则广告正是采用了情感诉求方式，既注重广告的文化导向，提升了广告的文化品位，使受众产生情感上的共鸣，同时又使纯真、可爱的小女孩与佳洁士品牌形象一同在消费者的脑海里打上深深的烙印。

6.2.2 做好沟通和服务工作，才能拉近距离

彼此陌生的两个人，因为相视而产生了好感，要想建立起更深厚的情感该怎么做呢？沟通是最有效的方法了。只有平等地进行交流与沟通，感情才有可能长时间持续下去。对社群来说也是一样，要想与社群成员之间建立情感，就必须与其进行有效的沟通并且为其提供优质的服务。

我们知道，服务的重要性对企业来说不言而喻。但即便是如此易懂的道理，也不是每个企业都明白或者说到做到的。很多商家认为，面对消费者的时候，笑脸相迎，很礼貌、很耐心地跟消费者打招呼，解答消费者的问题，向消费者推销产品，这样就算是最好的服务了。其实，我们不应该把服务看成是一种达成交易的手段。

如果只是采取这种程式化的服务，就会给消费者“你是服务员，我是顾客，我买东西，你赚钱”的感觉。这样容易使消费者与商家之间保持距离，难以建立起真正的感情。而如果能主动为消费者解忧，进行平等、友好的沟通，则效果会更好。所以，要想让消费者对品牌或产品产生情怀，除了要有优质的服务，更需要良好的沟通。

沟通必须是发自内心的才会有效。就如上面所说，大多数商家与消费者之间的沟通都是被动的：消费者进来转了一圈，才漫不经心地过来问好；消

费者咨询了，才开始介绍产品……这些做法不但难以拉近与消费者的距离，甚至会让消费者一去不复返。

所以说，良好的沟通给企业带来的价值是无限的，不仅仅表现在能够带来销量，更为重要的是能够塑造品牌的形象。通过和消费者之间的良好沟通所建立起来的品牌形象已经深入人心，而不再是冰冷的产品。此时，品牌和消费者之间已经建立起了深厚的情感。

总之，沟通是产生情感的最有效方法。企业只有和消费者时刻保持平等、顺畅且友好的沟通，才能和消费者维系长久的情感。也只有这样，企业才能最大限度地增加品牌的附加值。尤其是社群营销，沟通是核心，有了消费者的这种“情怀”，社群营销才会取得成功。

6.2.3　社群营销要建立信任的基石

无论何时，“信任”这两个字都是极其重要的。比如，同事之间相互信任才能把工作做得更好；夫妻、情侣之间相互信任，感情才能长久；朋友之间相互信任，才会拥有真诚的友谊；企业之间相互信任，生意才会越做越大。同样，社群也需要信任，只有客户对你有足够的信任，才会产生购买行为。那么，如何取得客户的信任呢？

在传统营销中，取得客户的信任是一个漫长的过程。因为传统的营销都是单向的，商家和消费者之间缺少互动，消费者只能处于被动“灌输”的地位，因此对商家的宣传半信半疑。更因为得不到进一步的交流，消费者无法确定“灌输”的内容是否真实，这样商家很难取得消费者的信任。

而随着移动互联网时代的到来，消费者与商家有了更多相互交流的平台。移动互联网可以运用人机互联的优势，通过微信、QQ、邮件等方式让商家与消费者之间建立起更多的交流，让消费者更好地了解产品，从而增加彼此的信任。不过，即便如此，建立信任也不是一件容易的事情。我们可以从下面几个方面来努力。

1. 充分利用互联网的优势

如今，“互联网+”已经成为企业常挂在嘴边的话题，网络营销的重要性也被企业所熟知。尤其是近几年，移动互联网营销更是大势所趋，微信、微博、QQ、网络论坛等迅速火热。企业可以充分利用这些平台，比如QQ空间分享、朋友圈推荐等，利用熟人之间进行宣传，更容易让消费者产生信任感。

2. 通过活动增加客户信任

社群是一个大家庭，要想保持社群的活跃、增加彼此的信任，经常性地举办活动是一个很有效的办法。比如见面会、特定活动等，都能让客户对企业和产品有更深刻的了解，增进对企业品牌的信任。

例如，Les Fleurs花·心是一家高端电商平台，以鲜花和永生花为主要产品，进军北上广深一线城市，主攻高端客户定制化市场。为了更好地宣传自己的高端以及取得消费者的信任，Les Fleurs花·心在上海希仕会游艇俱乐部举办了一次粉丝见面会。

会上，劳斯莱斯、宾利、法拉利、兰博基尼等超级跑车现场助阵，百余位商界大佬、名流名媛悉数到场。作为Les Fleurs花·心品牌的首批VIP客户和关注者，嘉宾们在独制的“Les Fleurs花·心”花卉背景板前留念。Les Fleurs产品搭配爱马仕、鲜花礼盒、精致伴手礼的组合亮相，以尊贵私享感和专属定制的特色惊艳全场，获了高端客户对品牌的信任感。

图 6-1

3. 好的服务增进客户的信任度

产品不仅要有好的质量，而且要有好的服务。尤其是在社群经济时代，产品质量已经成为标配，谁拥有更优质的服务，谁就会受到消费者的青睐。换句话说，好的服务扫除了客户的后顾之忧，建立了客户的信任感。

例如，华为的售后服务经历了初始化、规范化、产品化三个阶段。1998年是“华为服务年”，也是华为服务品牌的初始化阶段；2000年，华为提出“服务的华为，增值的网络”，主要在售后服务制度、售后服务流程上进行了一系列的梳理与规范，标志着华为的售后服务体系进入到规范化阶段；2003年，新的“三大转移”的服务战略在IBM咨询顾问的帮助下正式实施，标志着华为的售后服务体系进入了产品化的发展阶段……

如今，华为的发展日新月异，越来越得到人们的认可。如华为手机的崛起，市场占有率越来越高，这里面当然有很多成功的因素，但服务也是功不可没的。华为的售后服务已不单纯是保障产品使用、免除客户担忧，而是从狭义的售后服务到售前、售中、售后一体化的大服务体系，再到创造独立价值的服务营销，工业品营销的内涵和外延都远远超过了产品价值。这才是品牌的崛起之路。

第七章

社区，未来营销的主战场之一

7.1 社区是营销的一块“大蛋糕”

7.1.1 社区化生活方式越来越火

随着城镇化的快速发展，社区成了城市最基本的构成单位。如今，社区遍布城市的各个角落，可以说，无数个社区组成了城市这个大社群。社区的模式已经成熟，而且种类繁多，是推动城市现代化、特色化建设的关键因素。

随着社会的发展，目前城市中的大多数人已经形成了一种社区化的生活方式。所谓社区，就是指聚居在一个地方的人通过直接或者间接的方式而形成的一种共同生活的群体。比如居民小区，每个小区里生活的人会形成一种文化心理，而且时常通过组织活动来维持这种社会关系。

社区生活越来越火，与社区良好的环境息息相关。现在的社区建设，不仅能满足人们最基本的居住需求，更重要的是设有一整套满足居民日常生活需要的基础公共服务设施，比如便利店、超市、学校、诊所等，这些能够满足人们购物、教育、医疗等各个方面的需求，使人们过上高品质的生活。

社区的这些优势，使其成为一个独立的生活圈，并且给社区里居住的人们带来便利的生活。在社区这个大集体中，每个人的生活都不同，每个人的理念爱好、生活习惯都存在着差异；但由于其包容与多样性的理念，社区成了人们快乐生活的园地。

7.1.2 社区及社区受众群体的特征

每个社区都有自己独有的特征，甚至社区之间会有显著的差异。所以，我们在进行社区营销的时候，一定要有针对性地制定宣传推广策略，这样，才能取得最佳效果。不过在制定宣传推广策略前，需要明确社区的下列特征。

1. 社区规模

社区规模的大小，决定着宣传推广活动规模的大小。面对一个偌大的社区，如果只在一个地方贴张海报，则显然无法保证宣传推广的充分程度，无法保证社区内的宣传面面俱到。而对一个小社区开展过高密度的宣传，小则浪费资源，大则容易引起反感。

2. 管理程度

社区管理的严格程度，也影响着企业和商家的宣传推广策略。对于管理严格的社区，宣传的地点、时间、方式等都要严格遵照物业指示，一方面可以避免发生冲突，另一方面可以避免打扰社区居民。对于管理不严的社区，则可以在许可范围内开展更多形式的宣传推广活动。

此外，宣传推广的最终接触目标是人，是社区的居民。由于这些居民的年龄、身份、性别、经济水平不同，因此会有各自不同的特征，而这些特征导致他们对不同宣传推广媒介的接触方式、接受程度出现差异。因此，我们还需要了解下社区受众群体的特征。

1. 心理特征

不同受众群体对宣传推广的态度和看法各有不同。年轻人更有冒险精神，乐于尝试，他们更容易受到广告的影响。年长的人则更多地抱有谨慎态度，对广告往往会多方询问与查证。

年轻人追求时尚、潮流，如果在宣传推广中加入时下流行元素、语句、形象、音乐等，就能更好地吸引他们的目光。而中老年人肯定更容易对传统的文化、艺术、思想产生共鸣，如果广告过于新潮，则他们甚至会不明白是什么意思。

2. 行为特征

中老年人有早晨锻炼、饭后散步的习惯，而年轻人外出的目的性更强，往往不会过多注意周围，上班族在工作日则大多是家与单位两点一线式地行动，这些都决定了要采取不同的宣传推广时间、地点和方式。

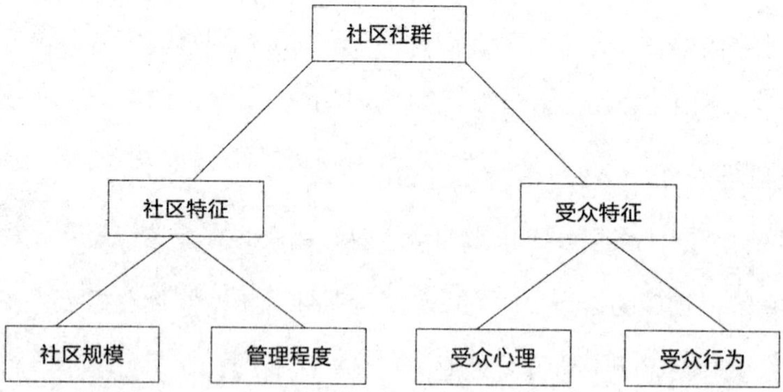

图 7-1

7.1.3 社区蕴藏着巨大的潜力

如今，社区化的生活方式越来越火。城市里各种大大小小的社区星罗棋布地分散在各个角落，如此庞大的一个社群网，是进行营销的好平台。虽然其还处于营销尚未充分开发的领域，但不可否认的是，社区蕴藏着巨大的营销潜力。这主要取决于它具备的优势。

1. 人流量大

市场营销的关键要素之一便是人流量，如果没有人流量的支持，营销方案设计得再巧妙也难以取得较高的传播量，自然也就无法吸引到足够多的消费者。而社区恰恰能够提供充足的人流量保证。

社区是人们生活的聚居地，相对于传统的居住区，社区的居住密度更高。尤其是高层建筑居多的现代化社区，住户数量要远远超过相同面积的传统居住区。这样，商家开展同等规模营销活动便能够吸引更多的消费者，无疑提高了营销的效率。

2. 针对性强

社区营销既可以作为普遍宣传活动手段，也可以针对特定目标组织特殊人群进行重点宣传活动。广义的社区概念已经拓宽了，不再局限于居民小区，还包括了具有相近思想意识或活动的社会团体与组织，可以是有意识的，也可以是无意识的，可以是有形的，也可以是无形的，甚至包括了网络社区。但同一社区中的居民必定具有相似的生活形态、认知与消费形态等，所以社区具有很强的针对性，结合产品的定位更具有穿透力。

3. 容易建立情感

社区内的居民有着共同的生活区域、相似的生活方式，因此他们之间很容易产生信任感和认同感。一旦“攻陷”了一小部分消费者，让他们购买你的产品，往往就能够吸引一大批消费者。

在传统的营销模式中，商家与消费者之间很难建立情感联系，更多的是一种各取所需的利益关系。而在社区中开展营销，由于更贴近消费者的生活环境，就会比较容易消除他们内心的壁垒，让他们感觉营销活动不只是一场买卖，更是方便他们生活的服务，从而建立起营销的口碑效应。

4. 口碑宣传高

社区宣传活动比较直接，可信度较高，目标人群集中，有利于口碑宣传扩散。社区营销传播更加丰富的知识，甚至直接与消费者形成一对一的宣传教育，沟通得更多，而传播的知识更加通俗易懂，如果有疑问可马上解答，使消费者得到确切的信息。同时，社区是消费者的主要集散地，也表现出相对统一的认知习惯与消费习惯，因此口碑宣传的影响力十分明显。

7.2 如何将社区营销做大做强

7.2.1 进行市场细分，精确客户定位

很多开发商在开发楼盘的时候，都会对消费者的收入、年龄、教育层次等方面进行市场细分，然后有针对性地开发个性化楼盘来吸引特定的消费群体，有着十分精准的客户定位，比如，针对刚需的普通小区以及享受型的高档小区等。社区的这种定位，为想要在社区进行营销的企业和商家提供了良好的条件，省去了寻找精准客户的时间和精力。

例如，宝马高端4S店，主要面向的目标人群应该是“金领”，如果要进行社区销售的话，选对社区是至关重要的。有一家4S店安排人员在一些高档社区的宣传栏和楼道、电梯旁贴上宣传海报。然而，宣传效果并不明显，这又是为什么呢？经过进一步的调查，在与居民们攀谈的时候发现，原来高收入人群大多都居住在别墅区，而作为宣传主要区域的小高层居住的大多是普通白领，虽然他们生活也很富足，但是高档轿车对他们来说并不在承受范围

之内。

由此可见，在进行社区营销的时候，宣传策略很重要，只有选对了目标市场，然后通过制作高档的综合性宣传手册，采用直接邮寄到社区内别墅区的每家每户，这样的宣传才能起到立竿见影的效果。

这个案例告诉我们，企业在社区进行宣传时要明确自己的目标客户，比如宝马4S店由最初选择高档社区到选择别墅区，就体现了对市场的精准把握，通过不断地调研，根据社区内的不同住房类型做出进一步的市场细分，从而最终找到真正有需求的客户。

总之，进行市场细分，精确客户定位，对任何企业和商家来说，都是社区经营的必经之路。无论是什么产品，首先都要有市场，还要准确地挖掘出这个市场，才有可能销售出去，从而实现产品价值。

7.2.2 做好售后服务，建立信任关系

企业和商家进行社区营销，由于没有固定的点，甚至消费者可能都见不到实际的产品，因此，如果要想让购买一次产品的消费者成为企业和商家的长期客户，最重要的一点就是要和客户建立起相互的信任关系。而企业要建立起消费者对自己的信任感，最有效的方法就是做好售后服务。

小张是一款血压计的销售人员，经常在社区进行营销，对于社区里的一些用户，他都会定期拜访。这天，小张就回访了一位客户。

“您好，李阿姨。”门开的一瞬间，小张热情地打了一个招呼。

“是小张啊，大热天的，辛苦了，快请进。”李阿姨热情地招呼小张进门。

“前段时间您买的血压计，用起来感觉测得准确吗？”

“挺好的，每天我都测一测自己的血压，有了它，我安心多了。”

“哦，您现在的血压都恢复正常了吗？您在使用中有没有遇到什么问题？”

“就是有时在测试的时候，数字偶尔会不太稳定，不知道是什么原因。”

“没关系，只要多测几次，数值没有过大的变化就是正常的反应。因为测血压的时候，会受到比如心理紧张、进行了运动、坐姿的影响，这些都不需要太担心。如果您遇到什么问题，可以随时联系我。”

“好的，太感谢了，一直以来用你们的产品，你们的服务让我放心。”

“这是应该的，以后若有适合您的新产品，我会第一时间拿来给您看，再见。”

为什么小张和李阿姨能建立起良好的信任关系，从案例中，我们就可以找出几大要点。

（1）质量可靠的产品。产品是信任的基础，如果产品质量不过关，则你给客户提供再多的小恩小惠也无法博取他们的信任。

（2）长期的售后服务。产品卖出去不是结束，还要定期地跟踪回访、询问客户的意见，这是建立信任关系的重要方式。否则，客户只会把你看成一个卖家，而不是当成朋友。

（3）成为专业的产品顾问。面对客户的疑问，你要知其然并知其所以然，回答客户疑问的同时提供有效的解决方案，只有专业才能催生信任。

7.2.3 设身处地地为客户考虑

营销人员在进行社区营销与客户产生异议时，一定要多站在客户的角度考虑。一些自己认为理所当然正确的事情，可能客户因为缺乏相应的知识和信息，或者是由于需求点不同，而对产品存有担忧。

当客户提出疑虑时，营销人员就应想“他为什么会有这些疑虑呢？有什么特殊的原因？”而不应在心里嘀咕“这人怎么这么笨啊，这种问题有什么可担心的”。如果面对客户的疑虑，营销人员只是在那里一再强调“绝对不会出现这种问题……您的担心完全没必要”，试图强迫顾客接受你的观点，那么是绝不可能成功的。你的强迫越强烈，客户的抵触也就越强烈。

每一位营销人员在生活中都扮演过客户的角色，其实都明白客户的一些心理，但在工作中却被切身利益蒙蔽了双眼，为了留住眼前的客户，不断地反驳客户的观点，对客户做出一堆承诺，甚至是隐瞒或曲解事实，这样只会适得其反。营销人员在销售时，要学会角色互换，要能够和客户站在统一战线去感受他的所思所想，这样才能够让客户的心里产生共鸣。

产品销售完成后，同样也要站在客户的角度来考虑问题。比如，产品使用时有哪些注意事项，如何使用与保养能延长产品的寿命，使用时有哪些小技巧，等等，这些都可以在活动中对客户做详细介绍。要知道，不是每一位客户都有耐心去读完那厚厚的说明书。

设身处地为客户排忧解难，沟通交流时多走心，走着走着你就会发现走进了客户的心里。一旦客户的心里有了你，无论是现在的成交还是将来的成交，都会变得更加简单。

7.3 把握社区营销的网络化

7.3.1 网络社区的三大基石

网络社区中最重要的是彼此的关系，因为在虚拟的网络中，消费者与企业或商家之间是完全陌生的，如果不建立密切的关系，则企业很难打动消费者购买自己的产品。如何建立起密切的关系呢？就要依靠以下三方面。

1. 信任

网络社区的出现改变了人们传统的社交方式，这种虚拟的社交方式脱离了一定的社会情境线索，比如外貌、语言、空间特征等，也导致传统的人际信任观发生了改变。在网络社区，不谈年龄、性别、身份，只要有共同的兴趣爱好和话题，就可以成为相互信任的朋友，现实世界中束缚人际交往的一些条条框框在这里几乎不起什么作用。

因为有了信任因素的存在，对广大消费者来说，即使同样的内容，企业宣传的可信度也往往比不上网友的介绍与评价。而要想让网友对企业和产品进行正面的介绍与评价，就需要可靠的产品质量以及无微不至的服务，这样才能获取最初一批消费者的信任，博取他们的好感，他们才会愿意分享自己的购买经历。借助广大消费者的分享，信任才能以最快的速度传播。

2. 分享

分享是互联网的一大特征，它甚至直接改变了传统的营销模式。在网络社群营销中，让客户购买不再是营销的最终目的，让客户购买后还乐于分享，才是企业和商家需要努力的方向。在网络中，消费者能够得到天南地北的陌生人对产品的看法、感受等信息，分享成为可能，也变得越来越重要。

消费者在网上购物后的评论、晒单等，其实就是一种分享行为。我们进入一家网店，找到了一款想要的产品，第一感觉看上去不错，但是我们对产品不了解，会对质量产生疑问。在这种情况下，通常我们会先将网页下拉到评论区，看看已经购买过的消费者作何评价，这些评论会影响我们最终的购买决策。

在产品和服务上寻求突破，给消费者提供最佳的购物体验，都可以促使他们乐于分享。消费者发布满意的分享信息表现了他们对品牌的认可，同时也会吸引更多的消费者。

3. 传播

网络社区比起现实社区，最大的优势在于没有时间和地域的限制，无论相距多远，都能够在同一个网络社区中活跃，随时分享信息。而且，网络社区的信息传播速度要远远快于现实社区的。

网络社区有着巨大的传播能量，就在于网络社区中的每一个人，既是信息的接收者，也是信息的传播者。与传统线下相比，网络线上的信息传播速度更快、范围更广、持续时间更久。

当然，想要使网络社区的信息具备很强的传播性，就需要宣传内容有足够的吸引力。比如信息要足够新，营销信息的内容最好能与时下的流行要素结合起来，如流行的网络用语，热播的电视剧、电影，或者是全民热议的事件，搭上“顺风车”才能让信息更加醒目。

此外，信息内容要足够简洁，这样才能使网友更容易看下去，更容易记住，也就更容易传播。另外，信息要有趣，趣味性是网络信息的一个重要要求，只有让网友感到好玩，他们才会自发地传播。

7.3.2 充分利用社区网络平台

在互联网发达的今天，进行社区营销除了组织线下活动，我们更应该充分利用网络资源。那么，社区有哪些可以利用的网络平台呢？

1. 业主论坛

业主论坛是一个城市、地区，或是精确到一个社区内的业主们提出问题、交流信息、参与讨论的一个平台。在社区业主论坛中，会有许多业主讨论或询问与生活息息相关的问题。例如，讨论社区附近哪家饭店好吃又实惠，社区附近哪一所幼儿园最好，询问房屋装修的风格、费用，装修公司的选择等。这些信息中，往往就蕴含着良好的商机或是开展营销活动的机会。

社区业主论坛进入较为自由，没有明确的限制，即使并非社区业主，营销人员也可以找到目标社区论坛，进入之后浏览帖子，寻找挖掘自己想要获取的信息。例如，社区比较火的帖子、业主最新提出的问题帖等，这些帖子有助于营销人员发掘目标社区近期的兴趣、需求等信息。对于提出问题或是寻求推荐的网友，营销人员可以参与回帖，通过回答问题或是做出推荐来进行间接的宣传推广。

在社区业主论坛进行营销一定要注意话题的针对性，要将近期社区业主普遍关注的事件，或是感到厌烦头疼的问题作为引子，这样才能引起他们的注意。否则，单纯的广告帖很容易被社区业主直接无视。

2. 业主QQ群

相较于社区业主论坛，业主QQ群的针对性更强，一般一个社区内的业主或业主代表之间就会组建一个QQ群。相对于论坛的自由化进入，QQ群的加入就要受到一定的限制。首先我们必须知道QQ群的群号码，在申请加入后还要获得群主的许可，尤其是业主QQ群，通常只会让小区的业主加入。

所以，营销人员最好先从现实生活中入手，首先接触目标社区的委员会代表，与他们交流，表明来意，最重要的是要表达出自己能为业主带来哪些实惠，这样才有可能勾起他们的兴趣，获得同意。

QQ群中除去重要的通知外，日常内容肯定是以社区业主间的闲谈为主。在加入业主QQ群后，切忌不要立刻发各种广告和通知，否则很快就会被踢出群。先要观察群里业主的发言，探索他们的谈话内容和语言风格，然后用相似的语言风格参与到聊天和讨论中。发言时要注意体现个人素质，切忌说偏激的语言。无论是参与讨论还是发起话题，都要以中立的语言为主，这样才能很好地融入其中。要注意QQ群中重要话题的讨论，这些话题中往往隐藏着对企业开展营销活动极其有用的信息。

总之，在业主QQ群中就是要以日常交流和挖掘信息为主，对于产品和活动的宣传只需在活动正式开展前一天简单提及即可。在活动结束后，也可以发些简短的售后服务信息，以加深业主的印象。

3. 微信公众号

微信有着丰富的传播形式，如“漂流瓶”“摇一摇”等功能，都可以帮助企业和商家快速寻找客户，扩大自身的影响力。营销人员也可以在微信的签名档放上广告或活动信息，这可以被周围搜索的用户发现，虽然范围有限，但是由于不需要主动去操作，所到之处都有可能使用户发现宣传信息，也不失为一种必备的宣传手法。

微信公众号是开发者或商家在微信公众平台上申请的应用账号，商家可在微信平台上实现和特定群体的文字、网片、语音、视频的全方位沟通、互动。用来宣传的微信公众号要注意名称，希望吸引哪一类客户群体，就取与这个群体相关的、能引起他们注意的名字。否则，企业和商家自身的特点就无法彰显。

其次，微信宣传的内容也是吸引受众的关键，要做到文化、商业、娱乐三者相结合。如果只有文化而没有商业支持，就难以做下去，也会失去营销的本意；如果只有商业而没有娱乐，就会因广告充斥，而使消费者产生反感；而如果只有娱乐，则达不到宣传效果。

7.3.3 社区网络营销如何做更有效

企业或商家在社区进行社群营销时，选对平台固然重要，但这只是第一步。接下来该怎么做呢？如何在各个平台上营销才能拥有更多的受众，对此，我们可以从以下几个方面来实施。

1. 善于制造话题性内容

如今企业和商家在网上发帖、发微博进行网络社群营销成为常态，但是大多数内容不仅乏味，而且广告性质明显，效果非常不理想。轻则无人关注，重则引起反感，使得产品和企业遭到“全面封杀”。解决的办法只有以创意为出发点，善于制造具备话题性和自发传播性的话题，这样才能够引爆舆论传播，脱离网络社群营销的泥沼。

例如，雀巢推出的“笨NANA”雪糕风靡一时，不光是凭借可爱的外形和像香蕉一样可以剥开来吃的新奇创意，而且也离不开网络的推波助澜。“笨NANA”雪糕刚上市就引来了关注，而且迅速走红网络，成为网友追捧的对象，商家也适时地宣传和引导，加速了网络口碑的传播。

同时在线下，商家采用了“饥饿营销”的手段，各大地区都陆续出现断货情况，这就更引发了消费者的好奇。好不容易买到雪糕的消费者都拿起手机拍张照片，发条微博，晒一晒自己的成果。吃“笨NANA”雪糕瞬间成为一件有面子的事情。仅仅通过消费者的自主传播，产品就已经获得了极高的关注度。

因此，网络营销成功的关键，就在于用话题调动网友的宣传力量，发挥每一个自媒体的作用，而要达成这样的效果，就要求产品或活动具备充足的话题性，这样才能引发网友的自主传播热情，营销信息才能像病毒一样快速扩散。

2. 调动网友参与的积极性

网友的积极参与才是让营销内容更醒目、更火爆的推动力。在论坛里，网友回复数量多的帖子才能热起来；在微博上，转发量和评论数多的博文才能火起来。如果网友不参与，那你的营销内容只能是原地踏步，最终被挤到一个没有人能发觉的角落中。

例如，凡客诚品知名度的暴涨，绝对离不开“凡客体”的功劳。“凡客体”最初只是一段广告宣传文案，意在戏谑主流文化，彰显品牌个性。其广告词是韩寒的一段自我介绍："爱网络，爱自由，爱晚起，爱夜间大排档，爱赛车，也爱59元的帆布鞋。我不是什么旗手，不是谁的代言，我是韩寒，我只代表自己。我和你一样，我是凡客。"

自此之后，引来了广大网友的模仿。"凡客体"瞬间火了起来，网友调侃道："在'凡客体'世界，只有想不到，没有看不到。"而商家也趁机借势，通过官方微博搜集网友的各种广告PS版本，进一步扩大了知名度和影响力。

这则案例的成功，关键就在于调动了众多网友参与话题，"凡客体"不仅有趣，符合广大年轻网友的心态，而且结构简单，每个网友都可以参与进来，设计出属于自己的凡客文案。

3. 借助舆论领袖的力量

营销话题能不能使网友信任，能不能快速传播，不仅要看话题的内容，还要看信息的发布者是谁。如果信息的发布者只是一介默默无闻的网络"菜鸟"，这条信息就会很容易被淹没在茫茫的网络信息大海中。相反，如果信息的发布者是网络中的舆论领袖，效果就会截然不同。比如，论坛的版主、网络大V等，他们发布的信息，即使内容非常普通也会引来许多人的关注。

某品牌汽车为新款车型进行论坛营销时，就邀请了汽车论坛的版主和一些核心人物进行新车试驾，然后请他们写出对新车的评测日记，在论坛上发布，引来了众多网友的关注，取得了极好的宣传效果。

所以，企业和商家在开展网络社群营销时，一定要注重借助舆论领袖的力量，同他们展开合作，借助他们之手发布及传播营销信息。

4. 沟通是制胜之道

在任何营销活动中，真诚沟通都是企业和商家必须严格遵守的原则之一。尤其在网络社区中，真诚沟通显得更加重要。比如，营销内容要具备真实性、可靠性，一定不能掺杂任何夸大或虚构的成分。在网络社区中，人们对事物的判断已不再是只依靠自己，而是借助广大网友的集体智慧来判断。所以，在网络中一旦弄虚作假，就会使企业的不良形象迅速传到网络的各大社区之中。

海底捞在2011年的时候也曾一度深陷“勾兑门”事件，给企业带来了巨大的信任危机。但面对危机，海底捞方面没有任何的狡辩或推诿，反而第一时间在官方微博上向广大消费者致歉，并表示会全力配合媒体及相关部门接受调查。同时，老板张勇也在个人微博上坦陈：“这些年，一会儿捧，一会儿揍，有点儿乱，有点儿难。”并表示，一定会真诚地接受大众的监督和检查。

这种公开、真诚、敢于自责的沟通态度，很快就得到了许多消费者的宽容和谅解，这场严重的危机也慢慢地平息了。所以，无论何时，面对危机，强硬地对抗或是口若悬河地辩解，通常只会进一步激化消费者的不满情绪，使危机加剧。而真诚沟通，才能获得客户的信任和赞同，才是应对危机的最好处理方式。

第八章

网络论坛，数据让营销更疯狂

8.1 如何在论坛上做好社群营销

随着移动互联网的发展，很多旧的营销模式渐渐退出舞台。市场的瞬息万变，更使得很多营销平台昙花一现，而论坛却是一个例外，它从Web1.0时代持续火热到Web2.0时代。可以说论坛是互联网社群营销的鼻祖，几乎所有的企业都在利用论坛做营销，因为论坛是由一个个小社群组成的庞大社群，是一个非常好的社群营销平台。

企业在论坛进行营销，主要是利用网络这个交流平台，通过文字、图片、视频等方式发布企业的产品和服务信息，让目标客户更加深刻地了解企业的产品和服务，最终达到宣传企业品牌的目的。那么，企业该如何在论坛里做好营销呢?

1. 论坛营销要有准确定位

在论坛进行社群营销，一定要找准产品和粉丝的定位。只有明确的定位，才能吸引属于自己的潜在客户。企业在进行社群推广之前，应该先对自己的产品进行分析。只有对自己的产品有了足够的了解，才知道目标客户在哪里。

例如，一家运动品牌店要做推广，就要把该店的信息精准传递给潜在客户。而要做到精准传递，就需做到两点：一是分析产品的特征，二是分析潜在客户的特征及其网络聚集地。

先做产品分析，即弄清该运动品牌主要经营的是什么，周围都有哪些同类型的竞争对手。然后做客户分析，即弄清运动品牌店现有客户的地域板块、年龄、性别、收入情况等，以及有多少潜在客户是通过网络或者论坛接收到该运动品牌信息的。详细分析这一系列问题，才能摸准产品和客户的定位，才清楚自己的发展方向。

另外，还要对客户的网络聚集地进行分析。在地域性、行业性的论坛投放广告，比如，如果进行营销的是某运动品牌，就在运动类论坛进行投放；如果这个运动品牌店开在上海，那就在以上海地区为主的论坛进行投放。只有把握了准确的定位，才更有可能吸引客户。

2. 话题让营销火起来

话题永远是论坛里的重中之重，要想在论坛做好社群营销，就要让话题有足够的吸引力。我们知道，论坛传播的载体是帖子，要想让帖子火起来，是离不开话题的，而且这个话题还必须要有自己的特色。那么，如何让话题更具特色呢？

（1）话题要有吸引力。没有吸引力的帖子是没人看的，要想做到有足够的吸引力，一是从标题入手。标题党信奉“存在即合理”，标题是吸引客户点击的关键。二是从内容入手，内容要么稀奇，要么有趣，或者是紧跟潮流热点。

（2）话题要有争议性。有了围绕话题的争议，大家就可以从正反两面来进行争论，争论得越激烈，帖子就越火，关注的人就会越多，带来的目标客户也就越多。

3. 善于把握论坛的争论点

论坛是一个信息的集散地，每天都会有不同的意见、不同的观点在此发生碰撞，每个企业、每个社群、每个粉丝都在以信息传递、意见争论的方式吸引他人的关注。因此，争论是论坛的一大特点，有争论才会有关注度。企业要做的就是抓住争论点来为自己的产品做营销。

当然，凡事不能过度，论坛可以有炒作和争论，但内容不能全是负面的，即便负面炒作能引起一时轰动，对品牌的影响也是非常严重的。一旦品牌形象受损，想要弥补则会经历一个非常艰难的过程。

酵母，在人们的常识中是蒸馒头和做面包用的必需品，很少直接食用。而安琪酵母公司却开发出酵母的很多保健功能，并生产出可以直接食用的酵母粉。为推广酵母粉这种人们陌生的食品，安琪公司选择了论坛进行推广。

2008年6月，当时有很多关于婆媳关系的影视剧在热播，安琪公司借此策划了“一个馒头引发的婆媳大战”事件，以第一人称讲述了南方媳妇和北方婆婆关于馒头发生争执的故事。

帖子贴出来后，引发了不少的讨论，其中就涉及了酵母的使用。这时，再由专业人士把话题的方向引入酵母的其他功能上去，让人们知道了酵母不仅能蒸馒头，还可以直接食用，并有很多的保健功能，比如减肥。

为了突出这些功效，安琪公司选了新浪女性频道中关注度比较高的美容频道，把相关的帖子细化到减肥沙龙板块等，立即引发了更多普通网民的关注。

另外，安琪公司又在新浪、新华网等主要网站发布新闻，而这些新闻又被网民转到论坛里作为谈资。这样，产品的可信度就大大提高了。在接下来的几个月时间里，安琪公司的电话量陡增，安琪酵母因此获得了较高的品牌知名度和关注度。

8.2 百度贴吧，一个因兴趣而聚的社群

8.2.1 贴吧的诞生

说起百度贴吧，几乎人人皆知。如今，百度贴吧用户早已突破10亿，拥有810多万个兴趣贴吧，且日均话题总量近亿。一个如此庞大的交流网络是如何诞生的呢？这很大一方面要归功于互联网的发展，当然也离不开贴吧创始人俞军的奇特想法。

2003年，当时任职百度首席产品设计师的俞军结合当下搜索引擎建立了一个在线的交流平台，让那些对同一个话题感兴趣的人聚集在一起，相互交流。这个想法在当时非常奇特，后来经过不断地测试，平台逐渐成熟，百度贴吧的雏形就这样形成了。

在经过充分测试之后，用户的体验反映良好，后来逐渐完善贴吧设计理念，技术不断提升。工程师的信心不断增强，用户体验反馈越来越好，更激发了俞军的兴趣。他与团队不断技术跟进，改善百度贴吧的用户习惯。

2003年12月，百度贴吧终于正式上线。按照如今Web2.0的发展思潮定

义，贴吧完全是一种用户驱动的网络服务，强调用户的自主参与、协同创造及交流分享，也正是因为这些特性，百度贴吧得以以其最广泛的讨论主题，聚集了各种庞大的兴趣群体进行交流。所以贴吧的诞生，在一定程度上也顺应了互联网发展的趋势。

8.2.2 利用贴吧的八卦和口碑做营销

百度贴吧是一种基于关键词的主题交流社区。它与搜索紧密结合，准确把握用户需求，通过用户输入的关键词自动生成讨论区，使用户能立即参与交流，发布自己所感兴趣话题的信息和想法。

由此可见，只要用户对某个主题感兴趣，就可以在百度贴吧上建立相应的讨论区。正是这种特性，使得百度贴吧成为很多企业的一个营销载体。它与搜索紧密结合，能够准确把握用户的需求，同时拥有较强的针对性和互动性等优势。因此，在贴吧中做社群传播，一定能够获得更精准的效果和服务。

在贴吧做社群传播的一个最重要的优势就是粉丝凝聚力特别强。不管是在企业的贴吧里推广内容，还是在其他有一定影响力的贴吧中做宣传，做得好则效果很强，做不好则前功尽弃，更会为企业带来负面影响，所以把握好贴吧社区传播的准确性也是非常重要的。

褚橙传奇，相信很多人都听说过。生于1928年的褚时健可谓一个风云人物，担任云南玉溪卷烟厂厂长时，用18年时间将一个陷入亏损的烟厂打造成鼎鼎大名的红塔集团。后因贪污入狱，人生从顶峰跌入了谷底。意外的是这位老人并没有垮掉，他积极获得减刑，后因病保外就医，75岁时承包了2400

亩荒山种植橙子，造就了今天的褚橙传奇。

即便褚橙如此励志，其营销也离不开互联网。褚橙的“触网”进京源于与本来生活网进行的一次电商合作。也就是从这时起，褚时健和褚橙的新闻开始见诸媒体。本来生活网提供的一组销售数据显示：褚橙开卖当天，前5分钟卖出去近800箱，一天之内就销售了1500箱。

这份数据充分说明了褚橙在本来生活网上销量的火爆程度。由于本来生活网核心层多数曾是媒体人，因此非常清楚媒体的关注点在哪里。于是，他们借媒体宣传褚橙并标出了每箱138元的高售价，实际上更多是为了网站的宣传。褚橙的销售使得本来生活网也成了大赢家。

当然，褚橙掀起的这股热潮，很快辐射到了其他省市，如成都、厦门等地，就宣传效应这一方面来讲，此次“触网”进京对褚橙品牌的影响将延续数年。

褚橙的成功充分表明，只有那些具备企业家精神的人，才会去创新传统农作物的种植方式，去创新传统农产品的生产模式和销售模式。如今褚橙借势网络社交平台快速累积品牌知名度，再通过线上渠道售卖，实现了真正的品牌之路。

通过这个案例，我们可以得知，充分利用网络来营销自己的产品是能取得很好的效果的。但是文章一定要引人入胜，就如褚时健的“励志橙”故事，必定能吸引粉丝聚集，形成社群口碑传播，从而达到宣传品牌的效果。

其次，名人效应也是营销成功的关键，褚橙的成功源于褚时健的大名。因为在贴吧里有着最大影响力的就是明星效应，比如流行歌手、知名企业家等的贴吧人数高达十几万，甚至几百万。这些庞大的人群每天都会在贴吧里关注明星的生活、作品、代言等情况。所以借助名人做营销宣传，能引发更广泛的传播效果。

8.2.3　从贴吧上寻找潜在的目标客户

前文我们说了，百度贴吧是社群的聚集地，很多企业把它当作营销圣地。事实也证明，百度贴吧营销威力是非常强大的。比如，百度贴吧中魔兽世界吧里的一个“贾君鹏，你妈妈喊你回家吃饭”的帖子，在短短五六个小时内被39万多名网友浏览，引来超过1.7万条回复，被称为“网络奇迹”。

由此可见，如果能充分利用贴吧做营销，效果是非常好的。当然，“贾君鹏事件”的网络奇迹不是那么容易实现的。要在贴吧制造热门事件是有技巧的，尤其是对贴吧要有透彻的了解，才能挖掘出贴吧中隐藏的目标客户。那么，如何在贴吧中寻找潜藏的目标客户呢?

1. 在别人的贴吧中发帖

在贴吧中做社群营销，一个有效的方法就是到别人的贴吧中去发帖。不过在别人的地盘发帖子，你需要注意以下几点。

（1）选对地方。在贴吧中发帖，选择对的地方很重要。因为即使内容再好，如果选择的地点不对，也同样会遭遇不是被删除就是没人关注的境况，所以一定要选择好与帖子内容相关的贴吧。

（2）发得到位。主题帖发完后，用自己的其他小号去顶一顶，这样做的好处是帖子很快会被百度抓取。在被百度收录后，你还需要注意一个问题，即没有回复的主题帖很快就会被百度删除，因此发主题帖一定要消灭零回复。

（3）不带链接。百度内部有链接收集系统，如果你的帖子带了大量的链接，很快就会被拉入“垃圾池”。因此，发帖一定不要给自己的帖子加上链接。

2. 建立一个自己的贴吧

与其被动地在各处贴吧发帖子，不如自己建立一个贴吧。毕竟在别人的贴吧会受到各种限制，主动权不在自己手里，而建立自己的贴吧则完全可以由自己做主。当然，建立贴吧并非易事，你需要做好各方面的准备。

（1）了解排名。建立起了自己的贴吧，排名显得很重要，这事关贴吧的影响力。因此，除了精品帖，不要去顶旧帖，否则容易被百度扣分，降低排名。其次，主题帖的回复最好达到11楼，也要有一定的点击率。尤其要注重每天的发帖量，发帖越多，排名越靠前。

（2）掌握技巧。15字是百度贴吧有效的回帖，因为少于这个字数就等于没有回帖。最好的办法就是图文结合，有图即便没有文字也算分，图文结合则能得到双倍的积分。另外，当天的帖子必须当天回，否则也不算分。还有就是不要匿名发帖，一个匿名帖扣相当于10个帖子的积分。

掌握了这些技巧，你的帖子才有可能火起来，才能够在贴吧中找到属于自己的目标客户。

8.3 豆瓣网，一个文艺社群的天堂

8.3.1 豆瓣网的传播特征与营销优势

豆瓣网于2005年3月创建，起初创建之时，创建者杨勃只是为“想看看有多少人和自己读同样的书”而编写了一个简单的程序，并以其工作所在地点——北京豆瓣胡同为其命名。经过不断地发展，如今，豆瓣已经成为一个书籍影视音乐的评论网站。豆瓣网能取得这样的成功与其传播特征和营销优势是分不开的。

1. 豆瓣网的传播特征

（1）传播内容碎片化。由于豆瓣上的内容主要由用户生产，每个个体在知识储备、兴趣爱好、生活环境等方面的不同导致了其内容产出的差异。再加上网络信息的海量化，尽管豆瓣相较其他社交网站具有小组这一天然的信息分类系统，但是由于小组的首页内容主要是按照由近及远的发帖及最新回帖的时间顺序来排的，导致大量信息被埋没，信息雷同与碎片化也就随之而来。

（2）用户去中心化。由于豆瓣的社交关系主要依据个人兴趣及特质形成，而小组管理员的权限主要用于维护文明的网络环境，因此相对来说，并不存在绝对权威。再加上豆瓣网不像常见社区网站那样，为了增加访问量而设置积分和升级体系，而是通过用户的收藏和评价，依靠自动排位使用户内容上升，那些具有原创内容生产力的用户可以获得更多关注，进而往往也拥有更多的友邻。用户之间关系的形成主要由其创造内容决定，社交关系呈网状分布，没有一个绝对的中心。

（3）平台的开放性。除去个人定制内容，豆瓣网的内容对游客完全开放，只在点开新页面时会弹出注册申请对话框，关闭对话框之后可以继续浏览页面。这种开放性使得它可以通过内容吸引到更多的潜在用户。同时，它对搜索引擎的开放，使得其页面内容可以被检索到，这也使其更容易在注意力稀缺的互联网环境中被用户注意。

（4）传播的互动性。在豆瓣网上，用户可以通过小组发言、主页留言板、撰写及评论书评、参加线上活动等方式与其他怀有相似兴趣的人进行即时互动。用户还可以通过“豆油”进行私信，保护自身隐私。而一旦用户之间希望缔结更为亲密的人际关系时，就可以通过加对方为友邻的方式，进一步确认关系，接收彼此的动态广播。

2. 豆瓣网的营销优势

（1）基于兴趣社交的高信任度。相较网络推广或者在其他网站上通过“水军”等形式进行的推广营销，豆瓣网的网络营销接受度相对更高。这是因为在基于共同兴趣爱好的社交关系下，用户非常乐于接受豆瓣友邻的推荐内容，且对其信任度很高。

（2）特定用户群的高质量内容创造。豆瓣用户以高学历的年轻人为主体，他们以对流行的敏感和独特的创意，在豆瓣网上创造了大量高质量的内容。同时这批人群正处于事业上升期，相对来说对生活品质更为注重，其内在的相似性使得彼此更容易产生吸引力，由此也在客观上增加了网站用户的黏性。

（3）豆瓣小组对接精准营销。豆瓣小组围绕一个主题构建，该主题可以是一个文化人或文化现象，也可以是实际的生活需要，这样由用户自主进行的市场细分，更为真实也更为稳定。通过豆瓣小组进行这样的用户“群组化区隔”，将为实现精准营销提供更多可能。

（4）开放性便于提升广告效益。豆瓣网以其半开放的平台与对搜索引擎较为友好的网站架构，对匿名的访问具有较高的开放度，由此提升了热点信息的曝光度，有利于实现广告投入价值的最大化。

8.3.2 如何在豆瓣网进行口碑营销

豆瓣作为非典型的SNS网站，以平等的方式满足了用户的文化与生活需求，它所传达的亚文化不是旨在抵抗强势文化，而是出于对自我价值的追求与认同。豆瓣作为国内最大的兴趣社交平台，兴趣互动营销与兴趣精准广告是豆瓣营销的两大特色，这些条件使豆瓣具备了很好的营销优势。

我们知道，豆瓣网的主要受众群为受过高等教育的大学生、知识分子。年龄相对年轻，精神层次的交流愿望和行为较为强烈、集中。这群人热爱生活，除了阅读、看电影、听音乐，更活跃于豆瓣的各个文艺特色小组、小站。他们热衷于各种有趣的线上、线下活动，拥有各种天马行空的创意，是互联网上流行风尚的发起者和推动者。所以，从自传播社群营销的角度来看，豆瓣就如一个文艺社群营销者的天堂。

那么，如何在豆瓣中进行营销，吸引更多成员并组成社群，让社群力量壮大，实现口碑的高效传播呢？这是一个长期积累的过程，是积累关注者的过程，也是积累人气的过程。我们可以从以下两个方面来实现营销的高效口碑传播。

1. 用线上活动吸引成员参与、传播

在豆瓣社区中，线上活动是一个特色板块。所谓线上活动，是指多人在网上进行的集体活动，有明确的时间、主题。它的意义在于集结众多有着共同兴趣爱好的人，然后进行产品营销。用户可以在豆瓣上自行发起一个线上活动，不过，想要获得更多线上用户的参与，并且高效传播，还应该想一个更能吸引文艺青年的标题和活动。

例如，Burberry的风衣艺术展，通过在线上建立传播阵地（动态视屏+静态图片，邀请各路明星集中示范展示品牌风尚服装搭配，引发用户的讨论，产生口碑传播），在线下发布同城活动（国内最大发布平台依附豆瓣优势产品——豆瓣同城，为品牌的线下艺术展获得充分曝光），吸引豆瓣潮流人士传播关注并参与。

最终，Burberry的风衣艺术展在线上借助51位明星资源建立品牌传播阵地，围绕明星、风衣、时尚的话题在豆瓣迅速展开，风衣相册被用户喜欢、推荐累计4418次，充满时尚气质的摄影作品在站外获得大量转发。延展至线下的风衣展同城活动吸引到1183位用户关注，633人报名参加。

2. 建立小组，用趣味话题带动营销

如果想要在豆瓣网进行营销，则建立豆瓣小组是一个很好的方法。豆瓣

网每天都会出现很多新的小组和成员，在这些小组中，每天上演着精彩的话题和内容，一些好的话题还会被更多小组成员观看和转发。这些小组成员活跃度较高，传播度也高，如果能充分利用起来，就可以为企业带来意想不到的口碑传播。

比如，2008年，国货回潮，无数人又开始穿海魂衫、回力鞋，用百雀羚、郁美净，吃大白兔，喝健力宝。而这股国货风潮最开始就是从豆瓣的经典国货小组酝酿发散的，这个小组有近17000人，他们每天在小组里讨论各种价格公道量又足的国货，最终在全国范围掀起一股国货热风潮。

由此可见，聚集有相同爱好的成员，发表一些趣味话题，吸引人们关注并加入小组，对好的内容进行转发，这样就能实现高效传播。不过，企业也应该明白，豆瓣是一群文艺青年汇聚的地方，在这里进行营销，一定要向文艺风格靠拢，这样才能更好地实现口碑传播。

8.4 豆果美食，以食会友的社群圈子

8.4.1 豆果的“以食会友”经

豆果美食是国内第一家发现、分享、交流美食的互动平台，也是我国唯一一个达到高品质食材的供应商。网站为用户提供了一个在线的厨艺交流平台，一个分享美食、心情故事的倾诉之地，为喜爱美食、热爱生活的人提供了一个展现自己厨艺的舞台，也为吃喝发愁的新手提供了学习的课堂。

2014年，豆果美食App下载量超过8000万，成为所有美食应用App排行榜的第一名。豆果美食能做到这点是很不容易的，在移动社群发展的今天，人们的需求不断变化，仅仅依靠一些另类食谱已经不能满足用户的需求。尤其是大量美食App的出现，同质化严重。这时候豆果美食看到了社群的影响力，运用社群理念开辟了一个全新的美食类App，使得这个“以食会友”的圈子，成为越来越多“精准营销”客户的投放平台。

那么，豆果美食是如何成为“以食会友”的大社群的呢？

1. 从粉丝的“痛点”入手

豆果美食构建美食社群花费了3年多的时间。在豆果美食成立之初，对粉丝的定位是25～35岁的公司白领或者家庭主妇。这群人以“80后”“90后”后为主，消费能力较强，且能跟上潮流，能够接受新事物，因此是最有可能加入豆果美食社群的一群人。

如何让这群人长期留在社群里呢？豆果美食的做法是关注粉丝的“痛点”，即“买不到好食材，烹饪水平低，懒于择、洗、切处理工作，更没有时间做饭”。豆果美食针对这些问题推出了选择好食材与做好菜的途径——为粉丝提前做好处理工作，送货上门。就这样，从建立社群到将其转化为销量，豆果美食成功地拥有了客户。

其次，豆果美食还打造了让用户自主创造菜谱的功能，以社群为主，每个注册用户都可以发表自己的菜谱、做饭心得。然后会有很多粉丝关注，形成用户的一个社群，而这些小社群又全都在豆果美食这个大社区中。因此，豆果美食顺其自然地成为用户分享美食的人气社区，并以社群的名义打开了一片市场，成了亲民且高人气的分享社群应用。

2. 与高端平台合作

豆果美食一直以来都非常重视与优质品牌的合作，从一开始就与西门子建立了合作关系。现在看来，早期的准确定位和部署对豆果美食现在的发展非常有利。豆果美食也一直严格遵守“高品质、高知名度”这一原则。

例如，随着《舌尖上的中国2》的播出，豆果再次迎来了合作的机会。与借势《舌尖1》不同的是，这次《舌尖2》的菜谱在豆果PC、App的多端披露已是基于双方合作的前提下进行的再营销。眼尖的豆果用户在《舌尖2》片尾鸣谢中看到了豆果的身影，在豆果员工加班看《舌尖2》上线的同时发现用户活跃度监控的版图上原来比较寥落的西部地区也亮起了许多红点。截止到5月22日，豆果上线的《舌尖上的中国2》App客户端安装已超过100万，舌尖活动专题页面累计PV超过了3000万（Web+Wap）。

另外，豆果美食还常常找一些美食达人或是与美食行业有关的大V进行合作，在微博上进行推广或是发起一些微博活动，鼓励普通粉丝秀出来，并组织一些线下活动，帮助粉丝完善拍照细节，甚至还组织粉丝去摄影工作室学习公开课及食品摄影。通过这样的深度宣传和合作，豆果美食的粉丝社群越来越大，也越来越坚固。

8.4.2 豆果式好感的成功之处

大众对豆果产生好感，与其一直在努力做“不着痕迹”的推广息息相关。豆果希望通过更丰富多样的内容形式与体验传播，将新鲜产品与食材展现给所有用户，让用户在接收到这些信息的时候，即便知道这是一个广告，也不会产生反感，并且认为这是他们真正需要的。

例如，豆果和西南古方红糖联合推广古方红糖。为了让用户更愿意接受、更能产生需求感，豆果自2012年5月发布了第一道与红糖相关的菜谱，至今已发布了116个菜谱。而在“三八妇女节”期间，豆果还进行了介绍红糖的热量、营养价值与功效，红糖菜谱等一系列的活动预热。豆果网微博甚至发起古方红糖有奖转发微博活动，共计5969人参与转发，部分用户获得了古方红糖奖品。这种预热推广引爆了客户的需求，得到了客户的认可。

其次，豆果好感离不开其物流的快捷。如今，国内生鲜电商平台众多，但由于生鲜对冷链物流的要求非常高，产地食材的规模很难铺开，所以做得好的生鲜平台不多。

豆果认为一个生鲜电商平台，仅仅是物流可以覆盖某产地区域是不够的，还要要求物流的速度非常快，冷链物流保障非常好，这样才能充分保证食材新鲜。对豆果来说，最开始与生鲜电商平台合作也存在这样的问题，如果用户看到了相应食材的宣传信息想购买，但是商家无法送到，那么客户的体验就会大打折扣。

豆果是如何解决这个问题，达到消费者需求的呢？

豆果一方面利用App可以针对指定区域向用户展示内容的特性，在生鲜电商伙伴拓展产地食材区域范围的阶段，尽量只给已经可以进行服务的城市进行内容推送，并增加赠券、购买方式等引导，从而避免了用户看到想买却无法购买的扫兴。

另一方面，面对移动端增长快速、增长幅度大的用户群，豆果也会介绍这些生鲜食材内容，让部分用户即便当下无法马上买到，也能先一步对这一部分食材产生兴趣，将培养消费行为的工作提前进行。随着豆果与顺丰优选等平台合作的不断深入，相应的针对性推广也结合产地区域不断丰富与拓展。

例如，2013年9月，豆果和顺丰优选合作的“摇一摇大闸蟹爬上桌”的活动，分为中秋前、中秋节和国庆节前三个阶段，在豆果美食App焦点图及社会化媒体上推广。此外，三个阶段分别在百度手机助手、91手机助手和豌豆荚三个渠道进行多层面宣传。最终，活动总参与人数超过8万人，摇奖次数超过22万次，活动分享超过7万次。

豆果从注重“不着痕迹”的推广，再到对生鲜物流问题的解决，满足了客户对产品的需求，让客户可以随时买到自己想要的生鲜产品，并得到优惠，从而在客户心中建立起了好感。

第九章

微信社群，让营销“嗨”起来

9.1 公众号是微信社群的大本营

9.1.1 如何打造优质微信公众号

微信作为时下最为热门的社交网络平台之一，其庞大的用户数量和不断完善的营销功能受到越来越多的商家青睐。比如，微信公众号的火热，使得几乎所有企业开发布会或展销会都少不了微信公众号的身影。可以说，没有哪个企业不忙着运营自己的公众号。因此，做好微信公众号的社群营销就显得非常重要。

1. 做好公众号的准确定位

经营公众号首先要做的一点就是准确定位，根据定位扮演好社群中需要的角色。这一点会涉及社群的紧密度。社群的紧密度高低与社群里人群的相似度高低息息相关。社群的紧密度同时也代表了企业与粉丝之间的黏性。只有寻找粉丝所喜欢的内容进行推送，粉丝才会喜欢上你。

另外，在建立公众号时还要分清订阅号与服务号的区别。订阅号每天可以发一条消息，但是当一个用户关注了很多公众号之后，消息会堆叠在一个由所有订阅号形成的文件夹中，长此积累，打开订阅号文件夹拖到底就会出现眼花缭乱的效果；服务号每个月只能发4条消息，但是消息显示都跟微信好友消息一样，比较亲切。企业应该根据自己的需要来选择。

2. 多进行交流互动，服务至上

如何让自己的微信公众号更具黏性，更接地气？这就要与粉丝保持平等关系，尽量少用自动回复，多采取人工回复，这样才能让粉丝感到你是真实的；同时还要经常与粉丝做深入交流，做好服务工作。

比如，遇到粉丝过多，无法解答所有问题的情况时，可采取将与粉丝交流互动的内容用微信公众号文章推送出去的方式，来寻求他人的帮助。这样，既可以消除粉丝没有得到解答的不满，也不用为自己每日推送没内容而发愁，一举两得。

3. 注重推送优质的信息

优质的内容才有吸引力，微信公众号的信息推送是一个大学问。比如，有些子公司是为了服从总公司的需求而去做微信公众号的，而且绝大多数都是硬性规定要做订阅号。这样一来，公众号里面推送的消息很多都与产品无关，例如一些生活小常识、本地新闻等。可能这个也是需要的，但应该控制在一个适当的范围之内，不要让粉丝觉得公众号的内容背离了自己想去关注的初衷。在这个信息爆炸、媒体环境十分嘈杂的时代，过剩的信息都会被无情地删掉。

4. 扩大社群，寻找更多的目标客户

微信公众号只有让更多人知道，才能起到社群营销的作用，带来更多的目标客户。我们可以通过寻找相关的目标社群做广告，来提高微信公众号的影响力。比如，找到目标粉丝社群的群主，支付给他们一定的费用，在他们的社群中做宣传。

另外，我们可以与其他目标社群群体进行合作，支持和赞助社群的活动，同时开展有针对性的粉丝营销。比如，一些运动品牌企业可以和一些户外俱乐部合作，通过他们的社群平台营销自己的产品，提高自己的品牌知名度。

9.1.2 以服务客户、打造品牌为目标

一个企业微信公众号要想做好、做大、做强，就必须要有自己的核心目标，也可以说是制定一个适合自身发展以及符合自身建设的目标，以形成品牌效应来辐射受众。而这个核心就是服务客户、打造品牌。有了这个目标，企业才能彰显自己与众不同的个性及不可替代性，进而形成市场的优势。

1. 树立目标要先定位

要确立目标，首先要确立目标市场，也就是确立战略方向。而企业微信公众号如何定位，最主要的就是解决一个核心问题：你是谁，你要做什么？也就是说一定要有明确的定位。

例如，王老吉起初的定位就很尴尬，王老吉属于凉茶还是饮料，这一直困扰着企业。定位为凉茶，则销售区域非常有限，因为只有南方（广东、广西、福建）才有凉茶的概念；而定位为饮料，又难以与可口可乐等正统饮料抗衡。后来经过明确的定位，企业将王老吉定为可以去火的凉茶类饮料，由此使得王老吉有了明确的目标客户。

2. 以服务客户为上

在找准定位之后，接下来你该思考的是如何服务客户。因为只有提供优质的服务，才能吸引更多的粉丝。优质的产品加上优质的服务，才能拥有更

多的目标客户。

例如，招商银行公众号在服务方面的体验无愧于招行的名声和地位。招商银行公众号很少群发，每次刷卡，招行用公众号信息提醒代替了以前的短信，还会提醒你可以随时查余额、账单等。此外，在招行公众号中，用户直接回复相关关键词就能获得想要的信息。

3. 以打造品牌为主

微信营销的火热已经深入每个人的生活。企业需要特别注意的是，如果微信营销做不好，则所产生的负面效应是很大的。比如，过多发布打折促销信息，会让用户以为是垃圾信息，引起用户的反感。企业应该优化微信公众号的特色，树立起品牌形象。

对此，企业可以从三个方面来进行：一是“独有特色”，要在自己的企业微信公众号中突出“人无我有”；二是“相对特色”，在企业微信公众号中体现“人有我特”的差异性；三是“错位特色”，要在同类型的企业中形成自己的特色。一旦企业微信公众号有了这些特色，就意味着有了品牌的影响力。

9.1.3 微信公众号的营销对策

微信营销是随着微信的迅速普及和发展而兴起的一种新型网络营销模式。在当今的信息经济时代，因为微信具有不断完善的功能和爆发式的用户数量增长率，所以不少商家意识到微信这一移动端应用软件是一个绝好的营销工具，并且在营销实践中，不少个人和商家尝到了甜头。那么，进行微信营销有哪些策略呢？主要有以下几点。

1. 微信营销要用心服务，以质取胜

在当下这个时代，如果想要赢得客户，就得学会用心服务，微信营销亦是如此。要做好微信公众号营销，首要问题就是要懂得如何服务用户，为用户着想，将其打造成“私人助手”，让订阅用户能通过公众平台随时了解有价值的资讯，通过公众平台提供的第三方链接轻松进入各种常用系统。

同时，微信营销也要充分利用活动将线上、线下结合起来，加强与粉丝之间的互动，在了解用户的同时展示自己。可以说，活动是最好的宣传，一个成功的活动能让你的公众号在短时间内获得大量的阅读量和转发量，进而提高知名度，并增加粉丝。

当然，最重要的一点是要以质量代替数量，用可读性强、话题性强且有趣味性的图文去吸引用户，避免使用大量无趣的、无价值的图文。妄图通过大批量的推送来增加公众号的存在感，往往会被用户认为是在刷屏而被取消。

2. 及时关注国家政策及微信新规定

随着网络时代的发展，国家对互联网安全监管越来越重视，法律制度在不断地完善。微信作为网络时代的新宠，既然身在其中，自然会围绕着网络法律及政府法规的发展而不断加以完善，更何况这是一款用户超过6亿的即时通信软件，一举一动都可能在瞬间传遍神州大地。

所以微信公众平台的营销需要及时关注国家政策、遵纪守法。比如，2014年国家网信办发布了“微十条”，规范了即时通信工具公众信息服务，强调要保护用户隐私，要求用户实名注册，而公众号需进行审核备案。

随着微信版本的不断更新，微信功能的使用规则也在不断完善，不断有新的规定出现。例如，2013年腾讯将微信公众平台升级，分为订阅号和服务号两种平台。而2013年10月进一步升级后，微信可以为服务号提供微信认证，而最新升级的公众号认证需要收取认证费，通过认证便可以开通自定义菜单功能。

2014年上半年，集赞推广充斥在微信朋友圈中，但是2014年6月，微信宣布将采用“技术+人工举报”的方式对微信集赞行为进行全平台的清理和规范，在微信公众平台集赞将可能被永久性封号。所以进行微信公众号营销活动，需要及时了解微信的新规定，才能合法运营，更有机会抢占先机，引领潮流。

3. 提高微信公众平台的安全性

任何平台、应用都是不完善的，微信作为一个开放的平台，这是它的优点，也是它的缺点。开放的平台更容易受到攻击，特别是微信公众号接入第三方应用后，容易受到病毒的感染和黑客的盗用。

因此，微信公众平台的运营不仅要注重平台的安全性，在软件的安全性上加大力度，同时也要提高自己的防范意识。在日常运营中，不要随便打开风险不明的链接，不仅要安装好杀毒软件，更要开启微信的保护功能，通过“安全助手”绑定微信号，对其操作进行实时监测管理。这样多管齐下，才能更好地杜绝微信犯罪，在保护好自身合法权益的同时维护网络秩序，才能共同享有安全的使用环境。

4. 借鉴其他营销平台进行营销互补

微商的火热并不代表微信营销是万能的，微信营销也有其局限性，包括覆盖面不广、时效性不高、回报率低等。所以在进行活动宣传或者商业品牌宣传时，不但要借鉴其他平台的营销得失，还需要充分利用其他自媒体平台进行营销。

比如，微信的崛起不代表微博的绝对没落，许多组织或个人在微信公众平台进行营销活动时，也应该充分利用原有的微博平台，一同推送分享。因为微信营销的推广往往还需借助QQ、微博等社交工具，借助线下社区活动，互补优势，才能将营销效果最大化。

随着网络时代的发展及微信平台的不断完善，微信营销将是未来一段时间内重要的营销模式。企业应该跟上时代的步伐，充分利用微信公众号进行有效的网络营销推广，为客户提供更加便捷的服务，企业才能获得利润。

9.1.4　微信公众号运营的小技巧

微信是一个互动交流的工具，企业的微信公众号平台运营是直接面向粉丝的，这对细节的要求比较高。因为要获得用户的关注并一直查看你的内容或参与活动，就需要提供优质的内容和服务。此外，掌握以下一些小技巧也有助于企业把平台经营得更好。

（1）不要分散精力做多个账号。不少企业注册了好多个公众号，但都没有做好。如果是中等规模的企业，做一个服务号是最佳的选择。订阅号难度比较大，不是每个人都可以用订阅号来做好自媒体的，要根据自己的业务和自身实力来选择。

（2）刚开始起步做微信营销的企业，去看复杂的数据报表意义不大，关注互动和粉丝数尤其前期粉丝数更重要。没有粉丝参与活动，性价比太低，因此想办法把老客户转化成为微信好友、转化成为关注粉丝最重要。

（3）要想突破人数限制，有个简单的办法：把每个号增加到4000人左右，然后开通第二个号，复制头像和昵称，再同步朋友圈内容，从而形成矩阵；每次发朋友圈，可以多个号一起同步。

（4）微信文章的点击率首先取决于文章标题，其次是文章摘要，最后是首图。其中，标题占50%，其他两者占50%，三者配合好会有更多点击率。此外，微信文章标题的前13个字也影响点击率，因为微信提醒的时候只能看见前13个字。另外，还可以给微信文章的标题加一些辅助的情感说明，比如“此视频被500万人转发”等，但不建议多用。

（5）朋友圈如果发链接，则一定要发短链接。太长的链接影响美观，让人没有点击的欲望。生成短链接最简单的方法，就是把链接放到微博上发布一次，会自动生成短链接，然后复制过来。当然，短链接生成网站的也可以。

（6）如果在公众号中发系列原创文章，对于吸引粉丝有很好的效果，也会增加互动。看过的粉丝会等着看下一篇，看了下一篇的粉丝会回到你的账号中看前几篇。

（7）不要在公众号文章底部放那种提醒分享、关注账号的图片，显得很低级，关键是基本上没有效果。适当提醒就行，或者只用一张图提醒，太多也容易让用户反感。

（8）避免公众号的内容太单一。例如，教程分享类的账号，如果每天都是教程文章， 这个账号就没啥意思了。企业类账号发布的文章，每天都只与企业有关，也会很枯燥。应该有一条主线， 然后增加其他内容。

（9）朋友圈的发布时间最好不要固定， 太有规律就不够生活化。但是可以固定区间，例如早上8～10 点之间。发布的内容也不能太有规律。同一时间发多条朋友圈消息会给人很不好的感觉。

（10）闲暇时，就在朋友圈回复消息。回复多了，大家就熟悉了，互动起来就会很自然。提醒一下：你要看仔细了，对于别人发布的家人、朋友出事了、钱包被偷、又长胖了等消息，就不要点赞了，否则会被拉黑。

9.2 微信朋友圈营销策略

9.2.1 微信朋友圈掀起的营销风潮

伴随着社会化媒体的兴起，朋友圈应运而生。从QQ空间、校内网、开心网，再到微博、微信，关注一群人，晒晒照片、发发状态、转转帖子……互联网串联起人们的时尚生活。如今，微信朋友圈成了最流行的社交平台。

微信朋友圈是腾讯推出的微信上的一个社交平台，粉丝可以在微信上发表文字和图片，同时还可以将其他网站上的信息分享到微信上，用户可以对好友分享的内容进行评论或者点赞。很多人早上醒来的第一件事不是起床，而是拿起枕边的手机打开微信，看看朋友圈中的小红点是否又亮了起来；晚上做的最后一件事，也是在闭眼睡觉前再刷一遍朋友圈，生怕漏掉每一条信息的更新。

由此可见，朋友圈已经成为人们生活不可缺少的一部分。正是微信朋友圈的这种特性，使其成了一个营销阵地。越来越多的人通过朋友圈推销自己的产品，很多用户的朋友圈因为营销的需要逐渐从小社群变成了大社群，每天都有大量的信息分享。这种模式有人喜欢，有人反感，但不能否认的是，微信朋友圈已经掀起了营销的风潮。

因此，企业不仅要把握这股风潮带来的机遇，还要知道如何在朋友圈里进行营销。

1. 了解朋友圈的特性

通过微信朋友圈建立社群，首先要了解它的特性。什么是微信朋友圈的特性呢？就是“朋友+社群”。微信朋友圈里的人都是朋友关系，即使不是朋友，至少也是有过交流的人。这就突破了交易中的信任难题。虽然这种信任可能还是非常薄弱的，但总比完全陌生要好。在朋友圈这个已经有了信任基础的社群中做营销，成功率会比较高。

例如，一个吃货可以影响一群吃货，就像我们时常在朋友圈中晒美食，朋友看到后就会问你去哪家吃的，味道好不好，也想去试试。只是一条简单的信息就能引发一群人的评论和点赞，引爆二次宣传和扩散，这就是社群营销的病毒式扩散。“朋友+社群”形成了朋友圈，这也是奠定朋友圈营销威力强大的基础。

2. 遵循“250法则”

在微信朋友圈里做营销，是不是好友人数越多越好呢？其实不然。微信朋友圈属于人际关系社群，人际关系社群一般遵循“250法则”。也就是说，微信朋友圈里的好友人数最好保持在250人这个范围。当然，有些人的影响力大，可能会突破这个定律，但大部分人的朋友圈都遵循这个法则。

3. 及时发布新动态

及时发布新动态是让别人时时关注你的好办法。因为只有不断地更新内容，才能吸引粉丝关注。比如，今天和谁去哪儿吃什么了，去哪儿玩什么了。可以说，朋友圈的新动态就是朋友圈的价值所在。如果要想让这个社群持续下去，就必须了解社群里每一个人的动态，知道他们的兴趣和爱好所在。

例如，在一个美食社群里，你的朋友圈就少不了诸如《舌尖上的中国》这样的美食动态；而在一个IT群里，自然也少不了对锤子、小米等新动态的时时关注。所以，及时发布新动态，尤其是有质量的内容，才能得到更多人的关注，营销才会取得成功。

9.2.2 微信群带动成员“嗨”起来

利用微信进行社群营销时，大部分企业和个人都只注重在微信朋友圈和微信公众号上进行发布推广活动，而很少利用微信群这个可以进行即时交流的平台。其实，微信群的功能与QQ群有异曲同工之妙，运用好了，在社群营销方面能发挥重要的作用。

当然，企业如果想要在进行微信群营销时游刃有余，或者让其发挥出良好的营销效果，是需要下一番功夫的。首先就是要想方设法留住群成员，我们可以从以下几个方面来做。

（1）每天打招呼，给群成员带去亲切感。社群领袖只有时刻活跃在社群里，并关心自己的社群成员，让成员体会到温暖，他们才会继续留在这里。反之，如果群里很沉默，成员就会越来越少。

（2）热门话题是微信群活跃的根本。一个有话题的社群，就能产生讨论。企业应该多在微信群里发起一些比如生活中的身边事、笑话等来引发群内的讨论，活跃群里的气氛。

（3）定期发福利。要想更好地留住成员，一定的福利是必需的，比如在群里发红包、电影票、代金券等。

这些措施能在一定程度上给微信群带来活跃度，获得群成员的长久依赖。所以，企业作为群里的意见领袖，要起到代言的作用，成员才能“嗨”起来。

除了留住成员之外，企业还需要吸引更多的成员加入进来，因为成员越多，微信群的营销力量就越大。能否带动更多的人“嗨”起来，是微信群的一个重中之重。那么应该怎么做呢？对此，企业可以发送一些有趣味的话题，吸引用户参与讨论，并且吸引人们邀请好友入群。

例如，我们在群中发出“我们群里只要大家一起讨论对青春校园的怀念，就能获得《左耳》电影票一张，邀请好友一起讨论，更有惊喜送出哟”。这样的活动一出，群成员就会很积极地发言，畅谈对青春、对理想的美好怀念。

这种话题不但大众化，而且选择的时间正值暑假，正是高中生告别高中校园踏上大学校园，大学生告别校园走上社会的时期，所以在群内很快便能吸引人们的注意，引发一大波的讨论，并吸引大批新人加入。

另外，为了能够吸引更多用户，企业还可以在微信群里发一些有吸引力的链接，让更多用户乃至用户的好友都参与进来。甚至是将企业的二维码发布在微信群里，让有兴趣的成员扫码关注。

9.2.3 在朋友圈发布产品，要先做到不让人反感

很多微信营销者常说：“你可以不上微信，也可以不重视微信，但是微信

已经时刻在影响你的工作、生活和决策！你可以不做微信营销，但是你的竞争对手已经开始做了！”的确，只要你上微信，朋友圈中就会有各种各样的营销信息扑面而来，不管你喜不喜欢。

微信朋友圈已成为企业传播和营销的渠道，这就要求朋友圈里发布的信息必然是以传播和挣钱为目的。传播在前，挣钱在后，但千万不能急功近利。然而，很多企业在朋友圈的营销中只顾着发产品。这种“朋友圈暴力刷屏式概率营销”方式，在初期确实让企业挣到了钱，甚至打造了一些品牌。不过，这种方式越来越引起人们的反感，效果越来越差。

社群营销不是给用户一对一的产品广告，如果是这样，那么社群也就不复存在。因此，企业千万不要在朋友圈中只顾着发产品，更应该发一些有意义的内容，比如产品背后的精神、内涵、信仰，还包括一些励志的内容、感人的事情，这样才能引起朋友圈的广泛传播。

例如，华为荣耀7手机的发布，就充分利用了社群营销的方式。在手机发布后，华为紧接着借助朋友圈的庞大用户数量，在朋友圈中发广告。而且是以一种独特的方式做宣传，并没有像其他企业那样直接推上产品或者购买链接。

荣耀7在朋友圈中运用了这样一句深刻的话语来发布荣耀7：“我在做自己，你又在演谁？”下面是著名演员陈坤代言的荣耀7的形象广告图片。大多数用户都会因为这样一句富有深度的话语而去点击“查看详情”，之后会进入陈坤代言的荣耀7的广告页面。

与众不同的是，在这个广告画面中，却始终没有出现荣耀7产品，而是陈坤在用肢体语言和眼神表达荣耀7所代表的理念：“总有人习惯给你贴上一个标签，定义一种模式，是谁对这些说‘不’？和你说话的很多，能对谈的始终寥寥，是谁真正听懂你的内心？”

最后的页面中才是陈坤拿着荣耀7手机的画面和视频，而上面却配有一句更激动人心的话语：“和陈坤一起GO！勇敢荣耀自己！”用户可以点击“立即预约”购买这部手机。

这个案例告诉我们，用富有内涵的广告方式代替赤裸裸的产品介绍，能更好地起到营销的作用，能够带动人们去点击预约。所以说，在朋友圈中的社群营销，需要给用户带去更多的内在需求和精神指引，而不是一味地宣传产品。

9.2.4　在朋友圈发广告的优势及策略

微信朋友圈广告又叫feed广告，借鉴了Facebook和Twitter正在使用的信息流广告，形式类似于朋友的原创内容。对于朋友圈的广告，很多人比较厌烦，大都将广告屏蔽。对于这种情况，企业该如何改善呢？

首先，企业要了解朋友圈广告的优势。比如宝马、VivO、可口可乐等广告在微信朋友圈的投放，以及越来越多广告的进入。微信广告的强劲发展势头其实与微信朋友圈自身的优势是分不开的。

1. 微信朋友圈用户数量大

据统计，2014年上半年，我国社交网站用户规模为2.57亿，网民中社交网站使用率为40.7%。比去年年底下降4.3%。而在用户流失率排行中，微博、人人网等曾经的“老大哥”赫然在列。但是微信的用户数有了大规模的增长，据腾讯第二季度盈利报告显示，微信的月活跃用户数已经从第一季度的3.96亿上升到了第二季度的4.38亿。数据还显示，朋友圈中每天的信息量高达30亿，76.4%的用户会在朋友圈查看朋友动态或分享消息。

2. 广告投放更加精准

腾讯可以通过对大数据的调研来分析用户，根据用户的性格、年龄、行为、爱好、地理位置等，将他们区分为不同类型，为每位用户个性化定制广告内容，从而使广告的投放更加精准。

3. “熟人社交”带来信任感

只要朋友圈的好友在微信朋友圈广告点赞或者评论，微信用户就可以看到，这种“熟人社交”会给人们带来信任感，好友的点赞或者评论会影响微信用户的购买决策。如果朋友圈大部分好友都给予了广告评论，那么微信用户看到朋友圈这则广告的概率就会更高。这种投放广告的方式，拉近了广告主与受众的心理距离，能够收到很好的传播效果。

4. 引起话题帮助广告推广

根据红包现金流投放的广告在网友中引起了轰动，大家乐此不疲地刷朋友圈广告，并且都在关心谁刷到了宝马广告，以此为话题在朋友圈炸开了锅，这不仅为朋友圈广告造了势，更为广告进行了推广。

可见，虽然当下微信朋友圈广告被屏蔽者众多，但这并不能否定微信这个平台的优势。企业应该掌握一定的推广技巧或策略，这样你的推广才不会被受众屏蔽掉。以下方法是非常值得借鉴的。

1. 根据受众需求精准投放

这里的“精准”是指满足用户的需求，想用户之所想，在用户采取购买行为之前将合适的产品推送给他。例如，用户查阅旅游景点的时候，朋友圈就应该相应地推送旅游信息或者旅游公司广告。这样根据用户的需求进行投放才是真正做到了“精准”。不过，这种投放的力度要适度、要优化，不能铺天盖地不注意频率。

2. 提高用户的参与体验感

在朋友圈广告中，要想做到能够随时答疑解惑，能够实现品牌体验，就需要优化体验内容设计，还要能够适应碎片化的传播需求，从而形成品牌认知，引导深度互动，促进持久关注。例如，用户通过点击广告链接页面能够随时咨询商品的相关信息，还能通过领取现金红包或者优惠券的形式参与体验。

总的来说，朋友圈广告推广一定要以用户的需求为中心，掌握好广告发布的频率和用户的容忍度。另外，还要在广告内容上下功夫，制作出能够引起共鸣又能够适应碎片化传播的内容。只有这样，广告才能被用户接受并取得最终的营销效果。

9.3 微信多样玩法助营销一臂之力

9.3.1 微信红包，活跃气氛的秘诀

2014年的春晚给很多人留下了深刻印象，因为这一夜抢红包成了难忘的经历。少则几元，多则几百，每个人都在疯抢。小小的微信红包，将传统的新春礼俗变成了一场新媒体社交狂欢。

后来，据腾讯数据显示，从除夕到正月初八期间，全国上下有800多万用户分发领取4000万个红包，而总价值超过4亿多人民币。在除夕当夜，微信红包用户量攀顶，达到482万，零点前后流量峰值出现，每分钟约2.5万个红包被拆。

可见，微信红包是一场天时、地利、人和的营销活动，是移动互联网上发生的一场创新的扩散运动，连马云都声称此举是“偷袭珍珠港”。自此以后，微信红包就成了人们生活中的一大乐事，并被运用到了营销之中，成为一个很好用的活跃社群气氛的“武器”。那么，微信红包的传播为何能取得如此巨大的效果呢？它具有以下优势。

（1）微信作为社交软件，微信红包也是基于微信现有的关系网络进行发放的。这使得通过微信红包进行营销的商家可以更主动地进行目标客户群体的发掘和锁定。与此同时，与其他宣传推广方式相比，通过微信红包进行营销的成本较低，节约了商家的品牌宣传推广成本。

（2）微信红包比传统意义的红包发放形式更灵活，内容更丰富多样，红包的金额未知而具有神秘感，增加用户点开红包的兴趣，这为通过微信红包进行营销的商家带来了大量客流量。而且发放微信红包几乎零门槛，只要是微信用户就可以使用该功能。

（3）微信红包不但能吸引更多的客户，更是社群营销活跃气氛的秘密"武器"。抢红包如此火热，主要是源于它的互动性和娱乐性，对大多数人来说，抢红包数量的多少并不是最主要的，最重要的是感受这份乐趣。所以，红包在社群中的作用就是活跃气氛。

当然，我们在进行社群营销时，如何发红包也是有技巧的。发好了能起到作用，发不好只能有去无回。要想让红包发挥更好的作用，我们可以先在群里做预告，比如晚上八点开始发红包，那就要提前通知，让更多的人关注你；其次发口令红包，可以把你要宣传的产品信息用口令体现出来，从而达到宣传的效果。

总之，微信红包绝对是一个很好的社群营销利器，只要善于利用，就能为你的微信营销带来更大的便捷。

9.3.2 微信游戏，成员的共同爱好

我们在建立微信社群的时候，成员会越来越多，但数量达到一定程度后，就需要用一些方法来留住成员，而小游戏就是一个很好的办法。微信小

游戏既可以给企业带来更多粉丝，又能提升用户的体验，可以说能让微信社群营销一步到位。通常，我们玩的微信小游戏有以下三种。

1. 砸金蛋

“砸金蛋”是微信社群营销的一个游戏，其规则就是通过砸金蛋获得惊喜，是既好玩又能聚集人气的小游戏，也可以用作一种营销的手段。

例如，澳贝婴幼玩具的“小鸡砸金蛋”，这款界面有趣、互动简单的砸金蛋游戏，就直接把产品软性植入其中，从而赢得更多的曝光点。用户进入活动页面后，点击金蛋抽奖，一旦中奖就可以领取现金券，继而跳转至微店购买使用。而未中奖用户，按照指引分享到朋友圈或分享给好友，还可以再获得一次抽奖机会。

图 9-1

这个砸金蛋游戏吸引了大量新老用户的参与，通过趣味的游戏互动，以产品为利益驱动，使用户有了乐趣体验的同时还能获得奖品利益；而对企业来说，既达到了品牌宣传的目的，又收到了粉丝引流的效果。

2. 摇一摇

“摇一摇”是微信自带的一个功能，通过“摇一摇”可以获得同一时间摇手机的用户，还可以摇出音乐、红包等内容（见图9-2）。而在微信社群的营销中，“摇一摇”再次被企业利用，并获得了大量微信用户的追捧。

图 9-2

比如，长沙金满地商业街针对金满地商业街引流、提升单店商品销售转化、促进用户沉淀进行多次消费等问题，接入了微信“摇一摇周边”，利用蓝牙技术连接线下，提升用户互动体验，打通O2O商业闭环，利用摇一摇红包、抽奖、卡券等工具进行线下活动，6月9日当天2153人次参与活动，15043次互动，6月9—19日，公众号粉丝直接增长近万人。

3. 微信大转盘

“微信大转盘”是微信营销的一个有趣味性的抽奖游戏。游戏规则是点击中间的“开始”按钮，转盘开启，然后再次点击“开始”按钮，转盘就会停止转动，指针指在哪个位置，就能获得相应的奖品。

例如，奥迪俱乐部联合“妈妈100”在微信公众号中为成员们推出了大转盘抽奖的小游戏环节。用户可以通过转盘抽奖抽到惊喜礼物，包括奶粉、牛奶、积分等奖品。

图 9-3

该大转盘游戏吸引了人们的关注，也为奥迪俱乐部增添了更多线上用户，并将俱乐部的名声宣传了出去，获得了更多好评。

9.3.3　微信课程，进一步推动营销

随着信息技术的发展，教育也越来越网络化。微信作为一款热门的移动

即时通信软件，具有零资费、跨平台的特点，支持发送语音短信、视频、图片和文字以及群聊等基本功能。同时，微信还提供了公众平台、朋友圈、消息推送等社交功能和平台化的功能，可以发布资源，实现内容检索。强大的功能、便捷的服务使微信成为移动学习的又一平台。

比如，最近的“微课”这类学习产品非常受人们追捧，也有不少的微课人群驻扎到微信公众号里，如“微课时代”“微课网”等。“微课”是指按照新课程标准及教学实践要求，以短视频为主要载体，记录教师在课堂内外的精彩教学与活动的全过程。

当然，我们也可以借助“微课”来进行营销。微信+微课的营销是指一些关注移动学习的企业大学管理者、学者和大家一起分享微课的实践体会，形成社群。下面就进一步介绍下这方面的内容。

微课最为显著的特点就在于这个“微”字，主要是通过图片、文字、视频、语音等形式来进行。以视频为主，其时间不长，与传统的学习方法有所区别。比如，课程可以按话题、知识点做拆解，属分散的、碎片化的学习方式，学习体验不一样。

如今，不少微课学者、企业都进军了微信，利用微信群来分享、讨论、讲解知识，使得社群以“微课”为共同话题，成员共同学习和进步。

微信+微课社群，创造了随时随地的学习方式，可以使人们快速获取自己想要的信息，并且还有存储功能，人们就不用担心会错过教学时间。而对授课人来说，既能大大地增加自己的名气，又能减少授课成本和时间。

由于授课时间的大幅缩短，因此，授课成员几乎不会在课程中掺杂水分，都会把重点问题、核心思路梳理出来，以开门见山、纯“干货”的形式一并展现在社群成员的面前。这无疑会大大提升社群成员的信任感。

另外，微信+微课社群，可以完成“课前的需求收集—过程中听众的提问和授课者的解答—课后的课程评估—听众对授课者的打赏”，让听众在互动的过程中既能学到知识，又能解决自己所困惑的问题。并且基于微信的社交属性，授课者和听众之间能建立起更加密切的互动及信任度，所以说，微课是非常有利于在授课时进行社群营销的平台。

第十章

微博社群，论粉丝经济的潜力

10.1 微博话题是最好的营销手段

10.1.1 微博营销的优与劣

说到微博，我们再熟悉不过了，人们可以通过电脑、手机在微博上发表和更新与私人或大众有关的生活、工作、学习等的信息或通告，并即时分享，广大博友也可以通过它及时获取自己所需要的微博信息。微博的内容包括最基本的文字、图片、视频片段、网页链接、网页推荐等。微博在传统媒体的基础上，促进了视觉的多样化，改进了传播的方法，诞生出更加有意思的内容，从而更加多姿多彩。

微博营销是最近几年兴起的网络营销方式，它最主要的商业运作依赖于微博平台。通过微博，企业可以进行品牌宣传，更新产品信息，策划营销活动，美化个人或公司形象。同时，每一个听众都是潜在的营销对象，所以个人或者企业均可以利用每天更新内容、跟粉丝们交流大家感兴趣的话题等方式，让潜在客户了解企业的产品信息，从而达到营销的目的。那么，这种营销方式有哪些优势和劣势呢？

1. 微博营销的优势

（1）低成本。相比博客营销或论坛营销，微博营销的平均成本比较低。加之微博营销不需要严格审批、操作简单、信息发布便捷、不需要花额外的钱买域名和主机，可以为企业节省了很多成本和时间。

（2）针对性强。由于关注企业或者产品的粉丝都是该产品或相关产品的消费者或潜在消费者，因此，微博营销能及时与他们进行沟通，及时获得反馈，并且针对各类型用户进行精准营销策划。

（3）覆盖面广。微博涵盖了各行各业的业内人士对一些问题的看法，加之微博平台的用户基数庞大，微博营销有利于博友相互交流、互动、转发。

2. 微博营销的劣势

（1）过于依赖粉丝。关注企业或者产品的粉丝，都是产品或相关产品的消费者或潜在消费者。想要通过微博营销达到一个好的营销效果，需要有足够多的粉丝以及一定的知名度，特别是对这个产品感兴趣的粉丝，所以人气是微博营销的基础。

（2）过快的更新速度。由于微博的内容更新速度快，因此，如果发布的信息粉丝没有及时关注到，就很有可能被埋没在海量的信息中。因此，必须把握好一个绝大多数博友都浏览微博的时间点以及有利的更新频率来发布营销信息。

（3）字数的限制。由于微博的字数限制为140个字，因此，在发微博的时候，不能详细地介绍产品信息，而对于想要了解详情的客户，这将是一个不愉快的体验。

由此可见，微博营销在当下很火，是因为有其优势。虽然很多企业在运用微博营销时也遇到了诸多问题；但是，我们有理由相信在不久的将来，这些问题会随着相关理论及法律制度的健全而消失，微博将成为我国一个重要的电子商务网络营销平台。

10.1.2 借助热门话题搭顺风车

我们每天都在产生话题，同样也在传播话题，微博就是一个话题传播的平台。大多数人每天都会刷微博，关注圈子里最新的热门话题，然后进行评论或转发，形成一个强大的传播圈。微博的这种特性一旦与社群营销相结合，就会形成一种商业生产力。

可以说，话题在一定程度上就是生产力。而企业营销者，最需要做的就是要善于借助热门话题，通过话题来引发人们的热议，吸引大众目光。比如，一些企业或者个人为了达到更好的营销效果，就很善于借助当下话题，这是微博社群营销中常用到的手段。

一个好的话题往往能够引发人们更多的关注和讨论。但是如何借助一个火热的话题来营销，这需要企业认真思考。因为如果运用得不好，则起不到效果不说，还有可能带来负面的影响，这样就得不偿失了。

粉丝们对流行热门话题的追求往往是“非理智”的，但凡是与最热门的话题沾边的，就会去点击、阅读，从而起到宣传的作用。

10.1.3 包装事件上热搜

拥有越多的微博粉丝，你在微博中发表的信息内容就越具有号召力，自然而然，你的微博传播范围和圈子影响力就会越大。那么，企业在进行微博营销的时候，如何提升自己在微博话题中的关注度，如何让自己的话题或者事件上热搜榜呢？我们可以从以下两个方面来进行话题包装，从而引起粉丝的关注。

1. 标题简短且引发遐想

纵观微博话题热搜榜或者话题榜，我们会发现这些话题都有一个显著的特点，即话题性很强，文字简单有力，且能引发人的遐想和点击的欲望。

比如图10-1的“瘦性大发”这个热搜话题。从标题上一看，简单的四个字应该是减肥话题，怎样瘦呢？让人充满了更多的猜测和遐想，对此感兴趣的粉丝们纷纷点击阅读。

点开之后，原来是某明星在分享自己成功的减肥经历，由于话题很有吸引力，因此，半小时就进行了11万次播放，下面更是有很多粉丝进行回复，纷纷分享自己的减肥经历。

图 10-1

可见，这种简短有力又带有遐想的话题，让其成了热搜。因此，企业想要让自己的话题成为热搜头条，就应该学会包装标题，让更多的粉丝去关注。

2. 巧用图片或者视频

很多上热搜榜的话题之所以吸引人，不仅仅是因为标题，有时候还因为博主运用了图片或者视频。通常我们在阅读一些微博时，会感觉那些配有图片和视频的微博更容易阅读下去。所以企业在参与话题或者热门事件时，一定要注意给每条信息都配上生动的图片或者视频，那样你的微博话题或者事件的关注度就会在更大程度上迅速提升。

例如，八达岭野生动物园女游客被咬事件。

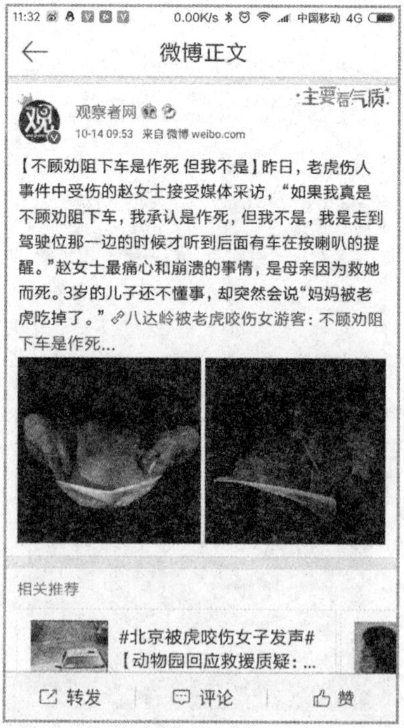

图 10-2

媒体通过图片和视频进行报道，所有的事发过程一目了然。由最初的争吵到后来的晕车，不管是什么原因，之所以能引发网上激烈的争论，都与受众看了视频，有了自己的判断有关。

试想，如果这个微博只是用一些文字来展示，恐怕没有那么形象，而且也不会被人们广泛争论。而视频的形式，大大吸引了粉丝和微博用户的关注。

总之，企业只要熟悉了以上这两点，然后再进行营销内容的宣传，整理出来的话题或者事件就容易被粉丝广泛传播。

10.2 如何发挥粉丝的力量

10.2.1 把握粉丝头条的优势

我们知道，微博是一个很好的自媒体平台，企业可以在这里建立自己的粉丝群。但是吸引更多的粉丝是需要靠内容的，你的推广文案必须能被更多的人看到，对此，我们可以利用粉丝头条来做文章。

粉丝头条是针对企业微博广告投放的跨平台解决产品。首先，它可以凸显置顶信息内容，在你发布头条微博信息后，粉丝在24小时内首次刷新微博时，“粉丝头条”都会出现在其信息流的第一条；其次，它可以提高营销效率，粉丝头条的信息在用户打开微博的第一时间曝光，保证信息完整传达给了每一位粉丝。

可以说，粉丝头条对微博营销的推广有着很大的优势。当然，粉丝头条的运用也是有技巧的，下面我们来介绍一下运用粉丝头条的具体做法。

第一步，登录微博，进入个人微博首页（见图10-3）。在这里，可以发表一条微博内容，也可以选择一条已经发过的微博内容，然后点击右下角的箭头，出现一个弹窗（见图10-4），点击“推广”。

图 10-3

图 10-4

第二步，点击后会出现博文头条，上面有“推广给我的粉丝”以及“推广给更多潜在粉丝”等信息。下面会有一个付费价格。这个价格依据个人微博粉丝数量决定。你的微博粉丝数量越多，价格也就越贵；反之，价格就会越低。

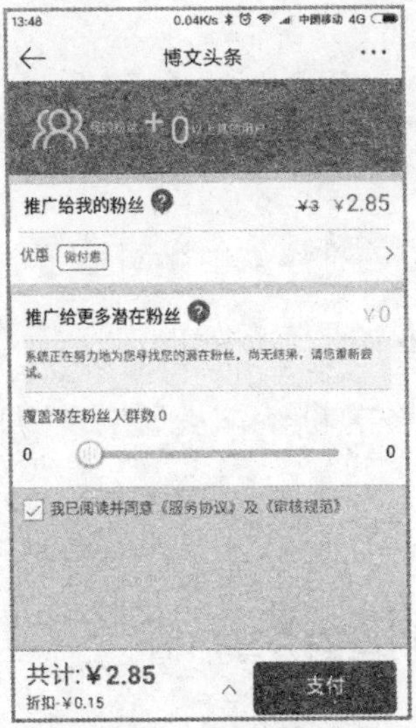

图 10-5

第三步，点击“支付”就可以进入购买环节，在这里，你可以根据推广范围来决定选择价格不等的粉丝头条推广费用。选择之后，可以点击使用余额支付、支付宝支付等方式来完成支付。随后24小时之内，你的这条微博信息就会出现在你所有粉丝的首页信息流中。

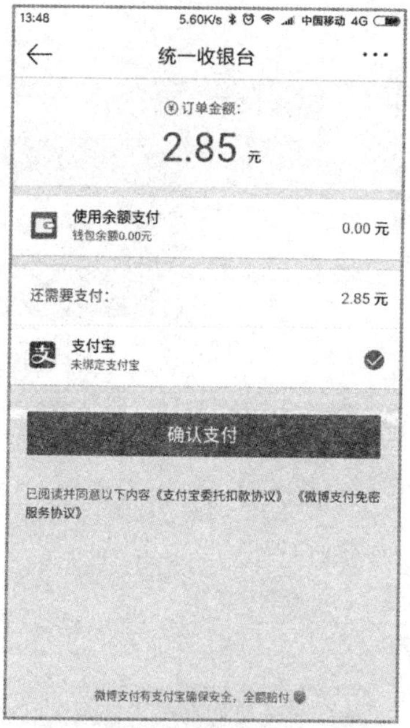

图10-6

通过这三个步骤，你的推广就能顺利地显示在粉丝头条上。所以，在微博社群营销中，企业如果有很好的信息、文案、内容，那么借助粉丝头条来给自己带来更多的粉丝，从而实现更广的传播是非常有必要的措施。

10.2.2 有效激发粉丝的分享热情

企业做微博社群，就是为了推广自己的产品，让更多的人知道自己的推广内容。为此，有些企业甚至雇用“水军”来刷微博点击量、刷转发，但这终究不是长久之计，弄不好还会带来负面效果。最好的方式就是让粉丝自动分享，让粉丝替你进行传播。不过，让粉丝自动分享并不是一件容易的事，你需要给粉丝创造以下条件。

1. 降低分享成本，粉丝才有动力

微博社群信息在传播、被分享的过程中，粉丝扮演着重要角色，他们每一次的分享都能为微博带来新的粉丝。不过，这种传播是有限的，会随着分享次数的增多而消失，使得后期很难再获得新粉丝。

另外，粉丝在分享的过程中，分享的成本越低，粉丝越爱使用。所以，企业要想让粉丝更好地分享自己的微博信息，首要任务就是减少粉丝在参与应用、活动、服务时所需要花费的时间与步骤。同时，企业还要考虑到粉丝的消费成本。消费成本指的是粉丝在使用微博社群推出的某款产品，或是参与群内的某个活动时是否简单、便捷。无论是理解低成本还是消费低成本，总之成本越低，粉丝分享的热情就越高。

2. 利益是促进粉丝分享的动力

除了降低成本之外，激发微博粉丝分享热情的另一个关键就是利益。因为粉丝能从分享中获取利益，所以就有了分享的动力。这种利益是指当粉丝使用微博社群推出的一款应用、一项服务或是参与群内的一项活动时，或有意或无意地都希望能从中获取某种价值，可以是为自己或他人带来价值，也可以是帮助别人时得到的精神或者物质奖励。

除此之外，激发微博粉丝分享热情的因素还有很多。比如，使用时间越短，越容易分享；玩法越新颖，引爆的速度越快；粉丝越投入，影响力越大。这些措施都是企业需要学习的。

10.2.3 通过活动让粉丝带动狂欢高潮

微博社群要想有活力，举办线上线下活动是一个重要的手段，比如优惠活动、发红包，见面会等。很多人不解：企业或商家为什么总是投入大量精力进行微博营销？其实，企业这么做最主要的目的是吸引粉丝。只要吸引到足够的粉丝，活动所花费的资金就会在今后从粉丝中取得回报。那么，企业如何掀起粉丝狂欢的高潮呢？

1. 给粉丝发红包

红包是吸引粉丝的一大利器，也是微博社群拉新粉的一种有效手段。粉丝在乎的不是红包的大小，而是抢红包的这个过程。"谁家发红包了，我们去试试。"发几个字或是语音，就可得到几元到几十元的红包奖励，这种感觉是十分新奇的，而且还能让粉丝产生乐此不疲的兴奋感。

因此，企业可以采用发红包的方式，给粉丝创造出更多的互动机会，把这个看似物质的活动过程变得更好玩一点，就能掀起粉丝狂欢的高潮。总之，现在的粉丝并不缺钱，而是喜欢这种意外的惊喜，只要企业能不停地创造这种惊喜，就能不断地为微博社群获得新的粉丝。

2. 多举办线下活动

网络是一个虚拟的环境，粉丝通过微博对企业的了解并不太真实。要想让粉丝更深刻地了解企业，企业可以多举办线下活动，通过真实的接触来增进粉丝的好感。比如，可以组织各种各样的同城会，举办网友线下见面会，粉丝可通过这些见面会进行交流，分享彼此对企业的看法，这些活动能增进粉丝对企业感情的忠诚度。

3. 推出更多优惠

要想让群内、群外的粉丝都能够参与进来，没有什么比优惠活动更能吸引人了。所以企业不妨通过微博多做一些优惠活动，引起群内外粉丝的关注，从而吸引他们参与，使他们加入你的社群，成为社群中的一员。

10.3 维护粉丝就是维护利益

10.3.1 多与粉丝互动，了解粉丝的需求

在我们的印象中，只有明星才玩微博。其实，微博作为一个交流平台，也被很多企业用来做宣传推广。那么，如何才能增加微博的传播力度，粉丝可谓是第一个要素。没有粉丝，微博社群营销就会举步维艰。

粉丝是组成微博社群的主要力量，企业在进行微博营销时，一定要充分利用粉丝的力量。尤其是要与粉丝多进行互动，从互动中观察粉丝的需求，然后才能做出让粉丝们满意、进而转发的内容。有了粉丝的互动，宣传就会变得更轻松。

例如，苏宁电器在微博中就善于运用这一点与粉丝互动。2015年，苏宁在官方微博中，为了实现与粉丝的良好互动，发出了这样一条微博："最近你看/想看什么电影？"

结果，粉丝们在第二天一早就纷纷发表自己的答案。在这个过程中，苏

宁没有对用户的回复置之不理，而是与每一个回复的用户都进行互动。

其中有一位粉丝回复是奥特曼大战哈利·波特。为了回复这位用户，苏宁采取了幽默的方式，转发并且回复对方："奥特曼大战哈利·波特是什么鬼？"

从这样的互动之中，苏宁知道了粉丝对电影的需求，从而更好地为接下来的促销优惠做好了铺垫。比如，在微博中发布电器促销活动时发出购买电器送电影票等信息，从而在更大程度上吸引粉丝参与和传播信息。

当然，与粉丝互动的方式还有很多，比如，可以主动提出一些想法，询问粉丝是否赞同，或者与粉丝针对当前热门话题进行讨论。但无论如何，企业都要记住一点，要经常查看粉丝的评论，不要置之不理，并针对一些典型的问题或观点给予解释。在这种对话般的互动中，粉丝也能感觉到企业的亲和力，从而加强对企业微博的关注。

一旦粉丝对企业有了归属感之后，就会将企业的微博当作自己的大本营，企业发布了什么新消息，粉丝会在第一时间进行传播和宣传。

10.3.2 站在粉丝的立场想问题

生活中，很多人总是站在自己的视角去想问题，从而导致了人与人之间产生隔阂。所以，我们应该多站在别人的立场上想问题，这样才有利于沟通。同样，企业在建立社群时，要想取得更好的效果，也要学会站在粉丝的立场上来做营销，这样才能取得粉丝的信任。那么，具体该如何做呢？主要包括以下两点。

1. 从粉丝的角度思考其需求

有些企业一味追求自己的理念，认为自己的产品就是粉丝需要的，这种自以为是的想法非常不可取。每一个粉丝都有自己的个性，你的产品再完美也不可能让所有粉丝都满意，你喜欢的不一定是粉丝喜欢的。一旦偏离了粉丝的需求，产品不是粉丝需要的，粉丝就会离你而去。

所以，把握粉丝的需求是企业的重中之重，最有效的办法就是从粉丝的角度考虑其需求。这一点对于新加入社群的粉丝尤为重要。因为粉丝刚刚加入社群，对所有的东西都感到陌生，所以会存在很重的防备心理，对任何事物都抱着怀疑的态度。此时，企业应当站在新粉丝的立场上去思考问题并帮助他们消除疑虑，这样才能与新粉丝建立信任，得到新粉丝的支持。

2. 粉丝的感受才最重要

产品的好与不好，并不是企业说了算。因为产品是给粉丝使用的，只有粉丝的体验才是最真实的。然而，很多企业完全从自身的感受来判断产品的好坏，认为自己感觉好的就是粉丝喜欢的，自己讨厌的肯定就是粉丝讨厌的。

这种一厢情愿的想法，大多数时候是不准的，正所谓“一千个读者就有一千个哈姆雷特”，每个粉丝对产品的感受都是不一样的。所以，企业在设计产品时，不能太过主观，要多了解粉丝的感受，根据大众都认可的意见来设计产品，只有这样才能赢得粉丝的信赖。

10.3.3 忠实粉丝才是优质的目标消费者

我们常说，“朋友不在于酒桌上有多少，而在于落难时你身边有多少朋友陪伴”。社群也一样，如果把普通粉丝比作酒桌朋友，那么忠实粉丝便是患难之交。可见，粉丝数量是一方面，质量如何是另一方面。为什么这么说呢？

普通粉丝就如酒肉朋友，一旦发现自己的社群有缺点或是社群的服务让自己不满意，就会毫不犹豫地离开。而忠实粉丝就像患难朋友一样，有着高度的黏性和忠诚度，是不会轻易离开的。

另外，普通粉丝意志不坚定，很容易受外界干扰而随风倒。一旦舆论说社群不好，他们便会离开。但是忠实粉丝不同，他们对社群已经有了情感，即使社群出现了一时重大的变故也不会离开，反而会全力地帮助社群进行改正。而且每当社群有重要活动需要推广时，他们都会在第一时间自觉地进行传播。

最好的体现就是娱乐圈的忠实粉丝了，他们对自己的偶像从来都是无理由甚至无节制地喜欢，不管好的、坏的都全面接受。偶像有作品时，他们会主动帮助宣传，在微博上刷话题，在电视、视频上反复收看提高收视率、点击率，一有活动都会到场支持。

由此可见，忠实粉丝对社群的强大效应。企业建立社群，最需要的就是这种忠实粉丝，因为忠实粉丝是最优质的目标消费者。下面从两个方面来说明如何进行忠实粉丝的营销。

1. 抓住忠实粉丝的特点

进行社群营销，抓住忠实粉丝的特点是至关重要的。比如，你的社群粉丝哪个年龄段的居多，男性较多还是女性较多，比较偏爱哪一种风格的产品等。应该先了解这些粉丝的特点，然后再根据这些特点来做营销方案。只有抓住粉丝的需求，给粉丝最想要的东西，才能让粉丝更加喜爱，也才能让粉丝更加忠心，同时企业才能通过社群、粉丝达到销售目标。

例如，《速度与激情》系列电影就是忠实粉丝营销成功的典型案例，每一部的上映，都能吸引众多粉丝去观看，所有的粉丝基本上都是肾上腺素爆表，那些激动人心的动作场面，那些肆意冲撞的豪车，那些流淌在血脉里的友谊，成为粉丝追求的对象。

尤其是《速度与激情7》的上映，因为众多粉丝怀念保罗·沃克，电影精不精彩不重要，重要的是这份情怀，人们多么希望看见活着的保罗·沃克。从这里也可以看出，电影的主演也具备了相当的票房号召力，对于影片的上映，粉丝肯定是特别支持的。

2. 不要过度透支忠实粉丝

做任何事情都要把握一个度，因为每一个人都有自己的承受范围。企业拥有忠实粉丝是可喜可贺的，但这并不意味着可以不断地从粉丝身上获取利益。如果企业一直抱着这种想法，那么企业的社群永远都无法成功建立，也无法通过社群获利。企业过度透支粉丝，粉丝无法承受必然离去。

当然，企业建立社群、经营粉丝的目的是创造利润，但是这种创造是有节制的。一旦过度开发，粉丝肯定会果断地“弃暗投明”，社群就要宣告失败了。所以说，企业在建立社群、经营粉丝时目的性不能太强，如果粉丝感受到企业纯粹是为了盈利，一旦产生反感，就会招致负面的口碑。

例如，《栀子花开》在进行电影宣传时，把“票房”淡化得几乎没有存在感。对何炅来说，这部电影并不是用来圈粉、圈钱的，而是用来圆梦的。当记者问他对票房的期待是多少，他说：“过亿，不要让人赔钱就好。”现在的电影票房超过5亿元才能被称为高票房电影，何炅说只要过亿元，明显就是把票房看得很淡。而这种说法确实能让粉丝感到特别舒服，并更加相信何炅是为了圆梦而拍的电影，并不是为了圈粉。

10.3.4 优化粉丝体验，创造更佳口碑

什么是口碑？从产品上来说，口碑是指对产品或服务的正面评价信息，是对产品或服务的称赞。口碑的传播，有利于企业形象的树立和美誉度的建立，还能提高消费者的认同感和潜在购买动力。可见，口碑对企业的重要性。

不过，口碑的形成是一个长时间积累的过程。即便是一个新社群，因为刚推出时的独特创意和新鲜感获得了好口碑，如果不去维护也会出现弊端，出现弊端而不重视优化，那么一开始积累的好口碑就会逐渐消失，粉丝也会逐渐流失。

由此可知，企业在建立社群后，要不断地对其进行优化，根据粉丝的反馈加以修正，为口碑开道，通过一个慢慢积累的过程让社群的口碑获得最终的爆发。具体可以从下面三个方面来进行。

1. 注重粉丝的反馈

社群是企业一手建立的，作为当局者，有时很难发现不足之处，而粉丝作为旁观者，往往能一针见血地说出社群的缺点。因为他们是使用者，只有他们才能清楚地知道产品哪里有弊端，这些弊端会给自己造成什么样的困扰。发现问题后，很多粉丝都会向企业提出建议。

因此，如果企业想要不断优化社群粉丝的体验，就要时刻关注粉丝的反馈。企业可以通过论坛、产品评论、微博、微信等渠道来获取粉丝的反馈，从粉丝的反馈中发现产品的缺点，并及时做出改正。

2. 对问题的快速优化要快

发现缺点后，企业的优化速度一定要快。如果粉丝今天提出了问题，企业却在两三个月后才对社群进行优化，粉丝很可能就已经找了另一个符合自

己需要的社群。因此，企业一定要把握好速度。

其次，有些企业过于追求完美，总是关起门来完善自己。其实，有缺点并不可怕，只要能够尽快发现缺点，然后改正即可。只有出错了，才能知道自己要对哪个方面进行优化，才能在一步一步快速优化的过程中，让口碑也一步一步地快速得到积累。

3. 优化体验要有准确性

优化的前提就是试错，但是试错不是每一点都试。如果基于某个粉丝的一个小小的反馈，就没头没脑地进行优化，到时可能会让粉丝的体验更加糟糕。很多手机App在优化软件时就会出现这种情况：粉丝常常反映新版本反而没有上一个版本好用。这就是因为他们试错了方法，优化错了地方。

所以，企业要基于经验，选择最可靠、最能解决问题且最安全的方法去试错。如果失败，就放弃，然后再换一种方法试错，看哪种试错的方法能得到正确的结果，然后再根据结果进行优化。这样除了能避免认为新版不如旧版好的粉丝评价，也能减少企业在优化产品时所需要付出的成本。

例如，凡客诚品的用户体验一直有口皆碑，而它的好体验就是源于敢于试错，并找到了改进的方法。现在凡客主要经营的项目是衣饰鞋包类。凡客在袜子类目上的试错也获得了很大的成功。其他电商平台往往是把几种不同花色的袜子包在一起卖，却发现这样不如单双的销量好。而凡客则对此做了改动，将一种花色的5双袜子包在一起卖，结果销量大好。

第十一章

QQ 平台，我的社群我做主

11.1 QQ社群，一个依旧充满活力的平台

11.1.1 每一个QQ都是一个社群

用过QQ的人几乎都会加入一些自己感兴趣的或和工作、生活相关的QQ群。在QQ群里，人们聊得很“嗨”，甚至是比在现实的朋友圈中都要开心。聊得熟了，还经常组织聚会，或是一起出游，从而成为现实中的朋友。

QQ群之所以有如此大的魅力，是因为QQ群本身就是一个社群，加入其中的都是有共同兴趣爱好的或是有共同目的的个体，有的个体还来自于同一个群体组织。当这些人聚在一起时就特别有话题聊，彼此熟悉了，自然就能够聚到一起。

因此，不要小看QQ群，虽然它是虚拟的，但很多人的人际关系都是从这种虚拟的网络中发展出来的。QQ群里的成员存在共性，是一个有着相同爱好或需求的社群团体。因此，这对企业营销来说，一样可以起到很大的作用。

不过，要想在QQ群里进行营销并不容易，因为维持QQ群的运营并将

其发展壮大，使其成为一个合格的目标社群很难。大多数QQ群都是起初人气很旺，渐渐地就悄无声息了。利用这种状态的QQ群是无法取得营销成功的。那么，解决这个问题就成了QQ群营销成功的要素。我们可以从以下两个方面来进行。

1. 建立本地群，创造线下见面机会

大多数企业或是商家建立QQ群的目的，简单说就是用来营销的。不过想法虽然好，但要真正取得效果，却并非易事。比如，QQ群里的人都是因共同爱好或兴趣而聚在一起的，他们来自五湖四海，地域不同，因此很难进行线下活动，对营销的帮助不大。

解决这个问题的办法，就是建立本地群，这样才能使群成员有见面的机会。在虚拟世界中，无论聊得有多深，如果不能在现实中接触，就很难建立起深厚的感情和彼此间的信任，企业也就无法实现营销的成功。

因此，利用QQ群进行营销，最好是建立本地群。比如，QQ群群主是上海的，就可以把群名称改为“上海+名称”，群管理员就得严格遵守只让在上海的人员加入，群名片可设置为“上海+昵称+职业”。这样的QQ群才容易实现线上关系转化为线下关系，成员聚合得越来越紧密，营销才更容易成功。

例如，“通州户外跑步登山自驾”就是基于北京通州建立的一个本地群。这个群是2011年10月建立的，如今已发展了5年多的时间。群成员都是北京通州喜欢户外运动的人。群里的活跃度很高，每天都有人在聊天，而且聊的话题都与玩有关。因为是北京本地群，所以群里经常会举办一些聚会，比如聚餐、出游等，通过这样的聚会，群里很多人都在现实中成了好朋友。

当与群里的成员熟悉了之后，企业就可以向他们推荐一些东西，因为大家都认识，所以也比较相信，而并不会像陌生人向自己做推销时一样直接就拉黑他。这就是建本地群的好处，方便线下聚会以此来培养感情，从而提高成员间彼此的信任感。

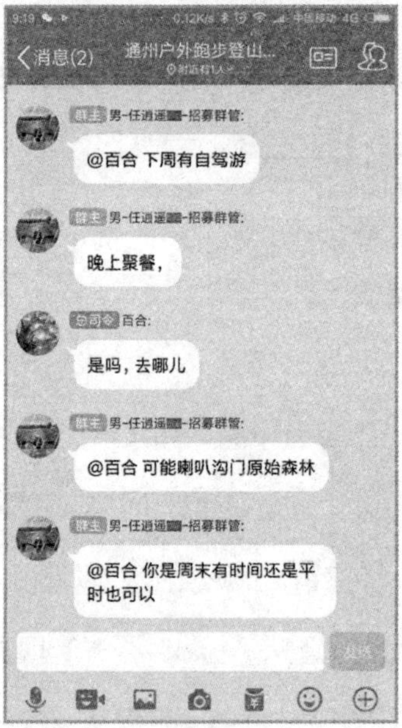

图 11-1

2. 找好关键词，吸引更多的目标粉丝

QQ群的分类很多，如果想加入自己感兴趣的群，则通过搜索关键词来寻找是最常见的。所以，企业或商家想要让更多的人搜索到自己，吸引更多的相关粉丝，选择一个好的关键词是非常重要的。设定关键词，首先要给自己的QQ群定位，比如，你的QQ群打算做什么、要有哪些特点、专注于哪些方面。设定好这些，然后找出搜索率较高的关键词作为自己的群名。比如，你想建一个有关户外的群，就要加上“户外”二字。可是户外群实在太多了，你的群如何才能脱颖而出呢？因此确定好主要的定位后，就要确定群的核心是什么。比如，户外有跑步、登山、自驾等。将这些修饰关键词作为自己的群名，目标粉丝的精准度就更高了。

除此之外，关键词中也可加上地点，比如上面的“通州户外跑步登山自驾”群，这样更有针对性和目的性，让同一地方的粉丝在线上进行交流，为组织线下活动创造了有利条件，提高了群成员的活跃度和黏度。

11.1.2 利用“附近”功能，随时随地找圈子

我们知道，QQ的功能很多，进行QQ营销应尽可能地使用其各种功能。比如，通过QQ“附近”功能来寻找粉丝。“附近”功能其实就是一种LBS应用，这种LBS应用可以分析出一个人的消费习惯和消费水平。比如，一个人每周户外骑行一两次，那么，把有关骑行装备的信息推送给他，就能起到一定的效果。

对企业来说，用户的消费行为是重要的营销依据。因此，QQ“附近”功能对企业的社群营销来说是必不可少的一环。下面，我来了解一下“附近”都有哪些功能。

1. 筛选附近的人

在QQ“附近”的功能中，用户可以根据自己的喜好来筛选附近的人。例如，企业产品主要面对的目标人群是年轻女性，则可以选择“性别：女；年龄：23～26岁；兴趣：爱美食”，选择完之后，点击“完成”按钮，QQ就会向企业推送附近比较适合的人群，如图11-2所示。

图 11-2

所以，企业可以根据“附近”的筛选功能选出合适的社群成员，并且以兴趣为核心，精确查找离企业最近的用户，与之交流，建立感情，将其拉入社群中，使其成为忠实的社群成员。

2. 新鲜事

QQ“附近”中还有一个“新鲜事”功能，这个类似于“说说”，可以在里面发表文字、图片甚至是视频直播。你可以通过“新鲜事”来了解周围的人都在做什么，并且可以进行点赞或者评论，如图11-3所示。

图 11-3

企业想要让自己的QQ群经营得比较有人气，可以多发布新鲜事。不过发布的内容一定要足够有吸引力才好，而不要全是生硬的广告，这样才能得到附近人的关注，得到点赞或是评论，吸引更多粉丝。

3. 更多

QQ“附近”里还有一个“更多”的功能，里面包含的内容，如图11-4所示。其中一些内容，对营销非常有利，比如附近的群、活动、漫游等。

图 11-4

（1）附近的群。QQ“附近”中的“附近的群”，都是离企业距离近的用户建立的，企业可以选择并加入附近的群进行聊天，在里面活跃气氛，与成员成为好朋友，与群主打好关系，然后把成员拉入自己的社群中。企业还可以自己建立群，让QQ用户主动寻找自己，附近的群有很多种类型，企业可以根据自己的需要可选择建立，如图11-5所示。

图 11-5

（2）活动。在“附近”的“活动”界面，有5种类型的活动（见图11-6），你可以根据自己的需求来选择。如果企业的目标用户是单身的年轻男女，企业就可以找到关于派对的活动，企业可以参加报名，也可以加入这个活动的群参与讨论，这样，企业就可以为自己的社群营销铺设道路了。

图 11-6

另外，企业除了通过加入别人的活动来挖掘自己的社群成员之外，还可以自己创建一个活动，而加入企业活动的人群，必然是有共同爱好的人群，企业可以与他们共同交流、玩耍，建立起一个社群。

（3）漫游。进入“漫游”功能，就会出现腾讯地图的界面，企业可以根据自己的需要，拖动地图上面的“小人”标签来选择自己需要的地方，选好后，将“小人”标签停在上面，就能搜索到企业停留地点的所在人群，这是一种按照地理来筛选的方式。

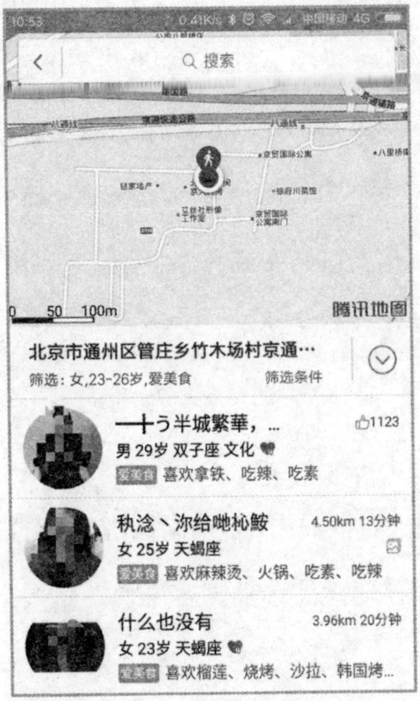

图 11-7

“更多”功能里的其他功能就不一一介绍了。但可以肯定的是，这些功能都能很好地帮助企业或商家进行营销。企业应该把更多的功能玩转起来。

11.1.3 如何让QQ空间的人气旺起来

很多“80后”对腾讯QQ都拥有一份独特的记忆，虽然现在大多数人更倾向于用微信了，但并不意味着QQ的退出。有数据显示，2014年，腾讯QQ的活跃账户就达到了8亿，同时在线用户突破2亿。如今，随着智能化、移动QQ的发展，QQ的使用人数还在持续上升。

由于QQ用户数量庞大，因此，它成为很多企业的营销渠道。不少企业纷纷将QQ当成最有效也最直接的一个传播平台。说起腾讯QQ的传播，在社群方面，我们不得不提的就是QQ空间，它是一个很好的营销平台。

例如，2013年，小米公司的红米手机在腾讯QQ空间开卖。当时，雷军将营销阵地转移到了几亿人同时在线的QQ空间。仅用半小时，100万用户就参与到了红米手机的竞猜预约活动中。活动3天，QQ空间内预约资格码已经疯抢500万，使得红米手机的销售也迅速创造新高。

通过这个案例，我们可以看出QQ空间社群力量的威力。QQ空间作为一个人气超旺的平台空间，对企业传播内容来说，是一个非常有价值和魅力的平台。

比如，如果企业是一家月嫂会所，则可以很好地利用QQ空间来进行社群营销。首先通过图片或者视频在QQ空间进行广告推广，用户只要打开QQ空间首页，就会在右侧看到月嫂会所的广告。感兴趣的用户会点击观看，来到月嫂会所的官方QQ空间首页，浏览信息内容。如果这家公司的环境好、服务好，QQ用户就会对这家企业进行传播，从而让更多好友看到。

此外，企业还可以建立一个官方QQ空间或者个人账号，然后在QQ空间中通过发表说说、日志、图片等方式来引发人们的关注。

例如，美丽说通过官方企业认证，搭建了企业腾讯认证的QQ空间。2014年，美丽说在QQ空间中推出了“签到得奖，快快点击吧！！Hello Kitty柠檬杯在向你招手～”活动。这个活动不但吸引了将近2000人点赞，还获得了1.5万人的阅读量。很明显，这都来源于美丽说QQ空间粉丝们的传播和转发。

由此可见，QQ空间是企业社群营销的一个重要部分。企业想要获得良好的口碑就必须重视QQ空间的作用。要定期更新QQ日志和说说内容，这些板块是吸引你的QQ粉丝打开空间的直接原因，因为只有不断更新的QQ空间，才会引起人们的关注。

11.2 QQ社群的营销之法

11.2.1 QQ营销的五大招式

如今很多企业和商家都利用QQ来做营销。那么，QQ营销该怎样做呢？很多商家的做法就是直接发硬性广告，这种赤裸裸的广告轰炸是非常不可取的，效果也会非常差。其实，我们可以通过一些曲径通幽的方法来实现营销目的。下面就介绍下QQ营销的五大招式。

1. “守株待兔”式

“守株待兔”式，就是把自己的群名片改成广告信息，例如“儿童摄影师”“幼教中心”“广告制作”“淘宝代理”等。采用这种带有一定广告性的群名片名称，由于没有直接发广告，因此一般不会被踢。

不过，采用这样的名称，一定要把广告信息写得精准明了。比如，“淘宝代理”会让人知道你是做淘宝代理的，但不精准，若改成“淘宝新百伦代理”就好多了。这样就会让人更清楚你代理的是什么，从而更具有精准性。

2. “QQ表情”式

如今，QQ表情也可以做头像了。很多人都喜欢用一些动态的表情头像来引起别人的关注。其实，表情头像也可以是一个QQ营销的利器。尤其是一个很有趣的QQ表情，上面还可以挂网址，企业可以将自己的网址挂上去。当然，QQ表情一定要有内涵和意义，这样别人才会收藏、转发，从而实现营销的目的。

3. “交朋友”式

“交朋友”式，就是和群成员交朋友。比如，在群里面和某人聊得很“嗨”，要想进一步加深关系，最好的办法就是直接加对方为好友。然后，进一步进行交流，从各方面了解对方，与其成为亲密的朋友。当成为朋友的时候，再慢慢地介绍自己的产品就容易被对方接受了。

4. “助人为乐”式

“助人为乐”式，是指平时在群里积极地回答别人的问题，尽可能地帮助别人。时间一长，你露脸的次数多了，帮助的人多了，自然会有很多人记住你，甚至对你产生好感及信任。建立了信任关系之后，再进行营销，成功的概率就会成倍地增长。

5. “揭秘”式

“揭秘”式，是指以文字或图片的形式来揭示一些内幕性的内容，很容易吸引人的眼球，达到打击竞争对手、正面宣传自己的目的。由于它的内容能让人警醒，因此会情不自禁地帮它转发。

11.2.2 做好营销前的细节

QQ营销是每个企业都在进行的营销手段，但真正能把QQ营销做出效果的却寥寥无几。因为很多人都单纯把QQ营销看作加群、发广告，每天重复这个步骤，让人很厌烦，不但很累人，而且效果也不好。其实，QQ营销注重的是细节，如果想把QQ营销做到极致，首先就要把QQ营销的细节做好。

1. 设置高可信度昵称

很多时候，我们在搜索加好友的时候，都会对一些很特别的昵称产生兴趣。所以，企业要给自己的QQ设置一个可信度高的昵称。比如，用实名或者是品牌名和公司名，这样能让别人感觉你是真实的、比较可信的。切忌使用“火星语”或者非主流的名称等，这些会给人不成熟、幼稚的感觉等。

2. 不断更新个性签名

做QQ营销一定要细化，哪怕是QQ签名这样一个细节也要做到极致。个性签名最好写详细一点，如果真正想把QQ营销做好，及时快速地更新个性签名是非常必要的。比如每5分钟更新一次个性签名，或许你会觉得这样太难了，但只有不断地更新，才能被持续关注。

3. 设置头像与性别

有些企业或商家为了吸引客户，往往将性别设置成女孩子，头像也上传一些美女的图片。这样确实能起到一定的效果，但并非所有的行业都如此，而且从长远来看，如果潜在客户或者网友最后知道被骗了，带来的不良影响将会是深远的。所以，在设置头像时，最好设置成能给人带去好感的头像，性别最好是如实设置。

4. 完善联系方式

企业QQ作为一个营销平台，不像个人QQ一样需要保护隐私。因此，企业QQ的联系方式应该填好并且对所有人公开，比如手机、固话和邮箱地址，这些一方面可以提高企业在客户心目中的信誉度和专业度，另一方面可以方便客户联系。

5. 认真填写个人说明

QQ的个人说明，是在别人查看QQ资料时直接显示出来的。它与签名不同的是，个人说明可以有更多的字数。企业应该充分利用这一点，把有关企业产品、品牌的信息填进去，但是一定要写得很吸引人或者对别人有帮助才会引起关注。另外，还可以放上公司的网址，不仅可以带来流量，还能让客户通过网站了解更多关于企业的商业信息。

11.2.3 QQ精准营销

利用QQ进行精准营销，一个较为有效的方法就是利用邮件群发器进行推广。虽然这种方法很费工夫，却能起到一对一的精准营销，并且能进行有效推广，同时降低了邮件群发过程中被加入垃圾邮件列表中的概率。

QQ推广的方法大家都耳熟能详，知道得也很多，但能不能去认真践行是成功与否的关键。更有些人，把QQ推广看成一件很简单的事，认为只要注册几个QQ，然后每个QQ加入多个群，一进群就发广告、发群邮件。可结果呢？不是被踢就是被骂，最后只能无功而返。

所以，要想真正做好QQ推广，重点在于培养感情。简单说就是混个脸熟，并跟群里的管理员与群友打成一片，这需要一定的时间沉淀和努力，毕竟与很多个QQ群聊天并混熟不是一件容易的事，首先时间上需要很充足，至于具体如何有效地维持关系，就得靠个人的修为了，之后再谈广告的事是最合适的，一句话就是“先礼后兵”。

这些都是进行QQ营销最基础的常识。企业明白了这些，才能更好地利用群发器进行推广，并且能重复进行有效的推广。下面，我一步步来讲具体做法。

第一步，准备好文案。文案的创作好坏决定了转化率的高低，在文案上是必须下功夫的，好的广告文案很容易让人接受，而差的文案则很容易被人丢进垃圾邮件列表，从而失去推广的作用。

第二步，准备好广告文案后，就开始查找并加QQ群，尽量查找与自身网站用户群体相关的QQ群，比如美食类的网站就找美食类的QQ群，这样能提高用户群体的精准度。

第三步，加入QQ群后先不要发广告，进群第一件事就是按照群规改好群名片，然后做一个新人报到，先在QQ群里聊上一两句，让人知道你的存在，并且是热情的新人，给人留下好的印象，然后你就可以开始收集邮件列表了。

对此，我们可以通过群空间来实现。首先进入群空间，找到群成员的通讯录（见图11-8），把这里所有的成员列表全部复制下来，然后在QQ号后面加个@qq.com变成邮件。做好邮件列表，这样每加入一个群就收集并整理成邮件列表。

图 11-8

第四步，开始发邮件。有了邮件列表之后，就利用邮件群发器把原先准备好的广告文件群发出去。不过，邮件群发器一定要找那些可以一对一发送邮件列表的。没有这个功能的尽量不要用，否则很容易被邮件过滤系统列入垃圾邮件行列。这是一定要注意的。

11.2.4 QQ鱼塘营销

如今，自媒体火得一塌糊涂，QQ空间营销作为一个简单且易操作的自媒体形式更是受到了自媒体人的喜爱。接下来，我就和大家一起分享下如何通过QQ空间进行“鱼塘式营销”工作。具体来说，有以下四个步骤。

1. 建立鱼塘：开通并装扮QQ空间

有QQ的人基本都会玩QQ空间，尤其是有些人的QQ空间装扮得很漂亮，里面的信息很丰富。如果想要通过QQ空间进行营销，那就要把QQ空间装扮成一定的风格，让访客在第一时间找到“家”的感觉。这个步骤在“鱼塘式营销”中就叫建立鱼塘，也就是要做一个大的圈子，等待大家入住。

2. 引鱼入塘：吸引QQ空间的粉丝

吸引粉丝是QQ空间营销中的关键部分，也是“鱼塘式营销”中的重点。那么，如何才能吸引足够的QQ空间粉丝呢？方法有很多，我们可以通过微博、朋友圈等，每天在别人发布消息的时候，争取第一个做评论；其次，去百度贴吧和论坛做一些推广，利用这些平台将粉丝吸引过来。

3. 把鱼养肥：做好QQ空间的内容

很多做QQ营销的企业或个人，因为种种原因，觉得自己做QQ空间粉丝增长太慢，所以干脆请别人做了前两个部分，然后自己接手做。可是一开始做就傻眼了，原来他发现自己的QQ空间不管是浏览量还是评论数都远远低于预期的。出现这种情况正是因为他没有亲身实践前两个步骤，所以接下来也不知道应该做什么内容。或许你会说不就是不要发硬广告，而发一些对用户有用的东西吗！这个思路可能是对的，但却不一定奏效，因为在不了解粉丝结构的情况下，很难做出一些粉丝们感兴趣的内容。

4. 开始捕鱼：实现QQ空间重复营销

一切做好之后，等待的就是“捕鱼”的过程了。这里特别强调的是，在做QQ空间营销的时候，一定要亲力亲为，这样才能对粉丝更加了解、熟悉，从而做大量优质的内容，以尽可能地帮助粉丝，并让他们感觉到你不是在推广产品。另外，要适时地根据他们的需求向他们推荐产品，如此一来，慢慢地在无形中就能实现重复营销。

通过对鱼塘营销理论的分析，我们很清楚地知道了QQ营销的整个过程。其实，做QQ空间营销就是一个执行的过程，它并没有多么高深难懂，只要你下足了功夫，就一定会有不小的收获。当然，如果能在做QQ空间营销之前，对“鱼塘式营销”进行深入的了解就再好不过了，因为“鱼塘式营销”的思维与做QQ空间营销有异曲同工之妙。

11.3 QQ兴趣部落，营销的新领域

11.3.1 兴趣社交是部落聚集的王道

我们知道，互联网是一种连接方式，是人与人的连接、人与物的连接、人与设备的连接。随着用户需求的变化、社交产品的更新换代和潮流的变化，人与人的连接里出现了一个非常重要的因素：兴趣社交。

比如，2000年之前，人们能在互联网上连接到的用户只有773万，而且还不一定每天在线。而今天，每天使用QQ的用户已经数以亿计，尤其是“90后”使用QQ的数量就有将近2亿。因此，QQ“兴趣社交”的营销机会是相当大的。这里我们就以“90后”为例来分析一下。

“90后”这一群体，被认为是极其富有个性的一代。他们中几乎有一半的人家庭是比较富裕的，所以他们不必为生活过度担忧，有充裕的时间花在网络里。而且“90后”的互联网普及率高，这一方面是他们正处于移动互联网发达的时代，另一方面与他们追求跨过空间、跨过地域的沟通方式和生活

方式息息相关。

同时，“90后”是非常需要被认同、需要有共同语言的一群人，因为他们标榜个性和非主流。“90后”的世界有很多朋友、同学，但很少有人懂得他们，甚至父母也不懂他们，所以他们认为没有人可以与之去交流。可以说“90后”身边缺少的不是人，而是他们认可的人、与他们有共同爱好的人，因此，对“90后”来说，“兴趣社交”才是他们需要的。

由此可见，在如今的互联网世界里，人们的存在越来越多样化，接触的人群也越来越多，人们将生活中更多的时间都用在互联网中，通过互联网寻找志同道合的人，查看想要的信息等。人们可以独自在互联网上遨游，只有基于“兴趣”，才能长时间地聚集，这正是企业营销的可利用之处。

而腾讯QQ正是抓住了这一点，以“兴趣”为基点，推出了QQ兴趣部落，为人们提供了一个可以惬意聊天的场所，是一个自然形成的社群。

11.3.2 兴趣部落不可缺少合作精神

QQ兴趣部落对于企业的好处就是可以获得庞大的免费流量。企业可以与QQ兴趣部落合作，在QQ部落里建立属于自己的部落，然后通过部落这个平台来吸引粉丝关注。

例如，途牛旅游网与QQ兴趣部落的合作，就是在QQ兴趣部落里设立了一个途牛旅游网的部落，在这个部落里每天可以获得大量的粉丝关注（见图11-9），而且这些粉丝都是来自关注QQ兴趣部落的人群，粉丝的精准性很高。

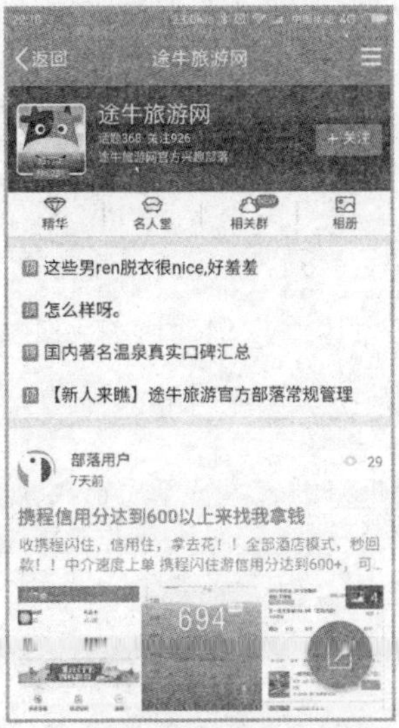

图 11-9

QQ兴趣部落给途牛旅游网带来了一个用户聚集的平台。在QQ兴趣部落上，途牛旅游网可以及时发布最新的旅游信息，并通过“相关群”功能链接与途牛相关的热门群（见图11-10），从而取得更广泛的宣传效果。

图 11-10

通过这样的合作，QQ兴趣部落认为这种模式非常值得发展。于是，腾讯希望利用QQ将人、群和论坛做成一个打包的连接，把兴趣部落打造成推送优质内容的强大社群平台，使其成为一个公开的、具有平台流量价值的原生态部落，企业在这个平台上经营粉丝、增发内容将变得更加容易。

同时，腾讯还一直努力建立起优质内容和群体的联系，把平台上的几千万个群，按不同的兴趣进行分类。只要企业的社区里有优质的内容和优质的文化氛围，就能帮助企业将内容推送到QQ兴趣部落的平台上，建立起人与兴趣的连接。

腾讯的愿望就是把QQ兴趣部落平台打造成为兴趣社群的一个商业化出口，让真正的兴趣爱好者，不仅能在这里找到自己的同类，还可以感觉到这个部落需要他们的存在，依靠他们勤奋的管理和运营，从而获得相应的权益，使用户参与其中。

所以，QQ兴趣部落对企业来说，就是一个依靠每一位兴趣爱好者、发起者来共同建设与完善的社群。企业要让让互联网用户在手机上找到自己兴趣所在的部落，在其中活跃地参与、交流，成为企业的粉丝。

第十二章

未来，社群营销将走向何方

12.1 社群营销发展的三个转变

12.1.1 连接关系的由强到弱

人具有聚集的天性，在当今开放的互联网时代，越来越多的人借助互联网打破自己封闭的圈子，不断加入新的圈子。这种趋势，必然带来社群经济的发展以及营销的变革。

“80后”“90后”群体追求个性，追求自我，并希望找到同类的部落，一起玩耍。互联网的发展使社交媒体日趋成熟，打破了时间和空间的限制，每一个个体都可以通过网络随时随地地进行连接，每一个个体都可以发出自己的声音并迅速传播。由此可见，未来的互联网将是社群的时代。

“80后”“90后”已经渐渐成为社会的中坚力量，他们不再只是追求个性，他们独特的观念也变成普遍观念。尤其是移动互联网的发展，使得电视、海报、杂志、报纸上的广告，甚至是明星的代言等，都不一定能影响他们的消费观念。反而他们更加相信社群朋友们在朋友圈里的赞美或吐槽，或是社群领袖的分享推荐。这种趋势将会给营销带来怎样的影响呢？

我们知道，一个人的口碑影响力未必很大，那一群人聚在一起的口碑呢？比如，很多淘宝商家都很重视客户的评价，一旦有一些差评，甚至是极少数的，商家都会给足客户优惠，想方设法让客户更改评论，这就是口碑的影响力。未来的商业，聚焦社群是关键。

如今，“社群经济”已经成为一个热门词，任何企业都想搭上“社群”的热潮，创造出“互联网+”的新机遇。但要注意的是，只有走出基于亲友、同事、职业圈等强关系建立联系的群才有机会变成社群。因为社群的建立就是吸引新的粉丝，而不只是将线下已有联系的粉丝搬到线上来。

所以，一个社群的发展不在于仅仅把线下的关系、互动、连接通过互联网工具建立一个备份，尤其是要摆脱内部引荐、推荐等扩展成员方式，因为这些都是线下已经存在的强关系。企业的重点应该放在弱关系的连接上。社群也是如此，特别是有规模的社群，彼此之间建立连接的方式一定要基于弱关系。

例如，企业和渠道商、供应商、代理商的关系是强关系，但是和企业产品的消费者的关系往往是弱关系。为了维护弱关系，企业不得不通过大量的广告来影响潜在的消费者，让他们对企业产生好感。

然而，社群能够通过弱关系连接提升消费者和企业的连接亲密性，这也就意味着广告投入的大幅下降。因此，未来的社群营销一定是注重弱关系的连接。

12.1.2 建立社群的由内到外

在社群时代，口碑营销对企业的影响很大。如果要想获得极佳的口碑营销效果，任何一个公司都应该建立自己的社群，通过内容宣传吸引粉丝。但是，建立一个优质的社群是不容易的，更何况要制造良好的口碑。如果只是简单地建立几个用户群，派几个人做管理员，制定一些规章制度，则根本无法实现。

例如，很多企业都有建立社群的愿望。无论是建立QQ群还是微信群，最后都发现，社群要么沦为刷屏灌水群，要么成为单向推销的死群，要么变为要靠不停发福利才能刺激活跃度的群。

由此可见，基于利益或者制度的群是缺乏长期生命力的，除非社群内部逐渐形成共同认可的价值观，并基于这种价值观形成内部的群文化。

所以，企业建立社群一定要先依据自己的文化、产品特质、员工个性建立内部社群。起初内部社群可以是一个小圈子，先在内部形成和产品连接的亚文化，然后让这种亚文化慢慢走向开放，引入外部活跃的积极粉丝用户，最后才能形成内部社群和外部社群的双向交流。

12.1.3 连接，由内部到跨界

建立社群的目的就是实现信息广泛、迅速的传播，一旦一个社群拥有了很强的凝聚力，它的传播能量是非常大的，形成的影响也是深远的。比如罗永浩，一个不是手机界的人要开始做手机，可能很多人不相信他会成功。但其借着社群宣传自己的理念，一样得到了很多人的关注和支持。

社群这种的口碑传播能量，被有头脑的商家看重，他们希望其成为自己营销传播中的一环。这就决定了越是亚文化认同感强、越是小圈子活跃度高、越是粉丝群规模大的社群，越具有商业价值。

当然，要实现这种商业价值输出，社群的运营者要考虑规划自己的社群连接器。连接并不能自动发生，而是要靠你的内容和产品。

比如，小米是围绕产品构建社群的，所以小米的输出定位是让更多粉丝通过他们的发布会、米粉节、体验店感受到小米对用户的热爱，进而让用户自发成为产品口碑代言人。而锤子刚宣传做手机的时候，是缺少明确产品的社群，所以就必须依靠内容宣传，进行跨界营销。

所以，企业如果不能推出标准化的输出活动，则组织成本会非常高，不但会造成跨界连接价值难以量化衡量的问题，而且很难和商业化活动连接，社群运营同样会缺乏经营的动力。

12.2 社群营销的未来畅想

12.2.1 社群营销是企业的未来之路

当下，社群经济、社群营销、社群生态成了新名词。随着社群的火热，很多企业抓住这个难得的机会，纷纷建立自己的社群，尤其是一些把粉丝连接成有共同价值观的社群的企业，意识到了社群的巨大力量。

例如，罗永浩从一个外界人士加入到手机行业，绝不是因为他是手机发烧友，而是他背后积累了巨大的“罗粉”能量。这得益于他在一次演讲上专门感谢了为他制作PPT的许岑老师，就是这一句感谢，使得许岑老师的Keynote课程购买人数增加了6000人。看到粉丝的这种力量，他更有决心杀入手机界。

锤子手机发布后，各地“锤粉”自发联结，搭建各种群，锤子成为他们内心某种情结的暗号。锤子在手机发布之前，也模仿了小米先发布操作系统建立社群，利用论坛积累忠诚粉丝的经验，然后再发布手机。

不过遗憾的是，锤子手机在发布过程中由于对供应链整合能力不足，导致锤子手机最终没有成为真正的爆款产品。但是罗永浩和他的忠诚粉丝的能量，已经让很多手机企业惊出一身冷汗。

由此可见，社群营销已经变成了现实，这个趋势已经被越来越多的人关注到。明星也开始一步步把成熟的粉丝经济社群化，让自己的明星代言价值和粉丝一起形成共振效应，从而获得更高的商业宣传价值。

所以，对企业来讲，已经不是建不建社群的问题，而是如何做才能让自己企业的社群运营真正和产品、用户联结起来的问题。从这个意义上讲，社群营销是绝大部分企业未来的挑战之路。能否把握和做好社群营销，在一定程度上决定了企业未来的可持续发展之路。

12.2.2 社群营销将给社会带来怎样的变化

随着移动互联网时代的到来，社群的兴起使得传统营销发生了巨大的变革。如今的社群营销给整个社会带来了许多变化。那么，在可预见的将来，社群还会带来哪些变化呢？

1. 生产、管理和消费被重新定义

在农场里，智能化、自动化机械将得到广泛运用，每个农场将按照社群的需求进行生产。例如，大米从开始播种到送到社群客户手中，施什么肥、用什么药都将有详细要求。一旦大米达到了社群客户要求的标准，将会被迅速地收割下来，包装以后按照要求由快递发送到顾客手中。

工厂里大量的工业机器人将替代成千上万的员工完成简单、机械的劳动，管理机器人的员工将按照社群客户的需求对产品进行个性化加工。加工完毕的产品将在第一时间进行包装，然后快递发给客户。

消费者接到产品后，将在社群平台里对商品和服务进行评价。然后工作人员运用专业软件的大数据技术对信息进行分析，并给出具体的分析报告。

社群管理者将根据分析报告决定是否与合作的农场、工厂继续或终止合约。

2. 缔造“智造”产品时代

企业永远无法明确地知道用户的需求，因此需要让用户参与提供需求的过程，甚至邀请用户参与到解决消费需求的工作中来。其次，企业需要为消费者设立“吐槽社区”和“创新社区”，并从这些社区的消费者的信息中发掘出消费者的痛点。

3. 社群迅速发展并带来冲击

今后的社群将日益差异化且发展迅速，各种各样的专业社群将如雨后春笋般出现。社群的功能也将日益完善和强大，新的组织架构将会取代现有的，人与人之间的关系将会变得更加简单。